思想政治理论课实践教程

杨 涛 李卓芪 张 楠◎主编
张 宏◎主审

线装书局

图书在版编目（CIP）数据

思想政治理论课实践教程 / 杨涛，李卓芪，张楠主编. -- 北京：线装书局，2023.7
ISBN 978-7-5120-5456-1

Ⅰ.①思… Ⅱ.①杨… ②李… ③张… Ⅲ.①思想政治教育－高等学校－教材 Ⅳ.①G641

中国国家版本馆CIP数据核字(2023)第082964号

思想政治理论课实践教程
SIXIANG ZHENGZHI LILUNKE SHIJIAN JIAOCHENG

作　　者：	杨　涛　李卓芪　张　楠
责任编辑：	白　晨
出版发行：	线装书局
地　　址：	北京市丰台区方庄日月天地大厦B座17层（100078）
电　　话：	010-58077126（发行部）010-58076938（总编室）
网　　址：	www.zgxzsj.com
经　　销：	新华书店
印　　制：	三河市腾飞印务有限公司
开　　本：	787mm×1092mm　　1/16
印　　张：	10
字　　数：	240千字
印　　次：	2024年7月第1版第1次印刷
定　　价：	68.00元

前　言

　　高校开展思想政治教育的过程，是信息的获取、选择和传播的过程，是用正确的、科学的理论观点来教育大学生，以引导他们拥有正确的思想观念、价值观念、精神状态的过程。信息网络技术在教育领域的运用，给思想政治教育的理念、手段、内容、效果带来全新的变化。网络已成为高校思想政治教育新的载体和平台，为思想政治教育注入了新鲜血液。与传统教育方式相比，网络思想政治教育有三个优势：一是丰富了教育资源。以往的信息和知识主要来自图书、报纸和电视等传统媒体，所包含的信息量少，并且具有一定的滞后性，这也是制约高校思想政治教育效果的因素之一。相比之下，网络的优点更加突出。网络的最大特点是信息的共有共享，为高校思想政治教育提供了源源不断、丰富而"鲜活"的教育资源。二是拓展了教育空间。网络具有资源共享的特点，网上的信息人人都可获得、拥有。高校与高校、高校与政府机关、家庭以及其他社会组织之间，都可以通过网络实现资源共享。这使得高校原先相对狭小的教育空间，变成了全社会开放性的教育空间，进一步拓宽了思想政治教育者与大学生以及与社会的交流渠道，大大缓解了以往高校思想政治教有中经常遇到的信息沟通渠道不畅的困难。通过网络，党和国家的声音、社会对大学生的要求及家长的希望可以共同作用于学生主体，形成教育合力。这扩大了高校思想政治教育的覆盖面，增强了思想政治教育的辐射面和说服力。三是提供了教育新手段。传统的思想政治教育主要是通过课堂、谈话、报告等方式进行的。由于教育者拥有信息资源的有限性和表达方式的单一性，以及受教育者被动接受信息，使得思想政治教育的成效大打折扣。而网络交互性和开放性的特点强化了网络作为媒体的传播功能，为高校思想政治教育提供了现代化的手段和渠道。

　　网络给高校思想政治教育工作带来新机遇的同时，网络的迅速发展也对传统的工作方法和工作内容提出了严峻的挑战。第一是对教育方式的挑战。传统的思想政治教育方式是教育者在固定的教室中将教育内容"填鸭式"灌输，学生只是被动地接受知识，缺乏主动性和选择性。而网络采用图形交互界面，用户可以通过各种输入设备与多媒体系统进行灵活方便的信息交流，并且也可以根据自己的需要，采用多种交互方式主动选择信息。网络的交互式沟通在思想政治教育中的应用，将彻底改变传统的"你讲我听"的单向强制性方式。第二是对教育内容的挑战。传统的思想政治教育是单向式的教学，教育信息的控制权掌握在教育者手中，教什么内容完全由教育者决定，大学生较少有选择教育信息的机会，所接受的信息都是教育者筛选加工过的东西。因此，思想政治教育的内容较为明确，在性质上具有健康的保证。

而进入网络时代，情况发生了变化。虽然网络上的信息丰富多彩，但是鱼龙混杂，良莠不齐，而受教育者选择信息的结果在很大程度上与自身的世界观、觉悟水平和鉴别力有密切关系。第三是对教育过程的挑战。传统的思想政治教育主要是通过宣讲、个别谈心以及报纸、广播、电视等大众传媒来进行的。这些方式的一个重要特点是可控性，教育者可经过精心筛选，有意识地选择合适的材料向教育对象集中地、持续地、高强度地传播，促进教育对象的思想、行为发生转变。这种教育过程无疑有助于培养大学生健康的、符合社会要求的思想意识。然而，网络的迅速发展，使信息的传播逐步脱离了国家、政府、学校、教师、家长等权威的控制。网络上的信息非常庞杂，其内容与教育者所灌输的信息可能不同，甚至截然相反。这将引起学生思想上的疑惑，甚至混乱。

　　总之，网络的出现，极大地改变了高校思想政治教育的环境，为高校思想政治教育拓展了新的空间，开辟了新的渠道。同时，也给高校思想政治教育的发展提供了新的契机。高校思想政治教育工作应抓住这一机遇，积极探索网络与思想政治教育相结合的途径，不断提高信息时代高校思想政治教育工作的实效性。

　　限于编者水平，书中错误与不足之处在所难免，敬请广大读者给予批评指正。

编委会

缪茜惠	刘靖靖	张家玥
于蓬蓬	徐 伟	刘楚然
梅志强	罗艳群	唐 静
毛光晨	纪红冰	张 宏
郭蓓蓓	王浩宇	曾银珠
孙嘉阳	安 莉	吴 偲
刘 姣	赵晓娟	王力尉
邬辛未	王文慧	单亚楠
包青华	张 璐	刘晨曦
朱金艳	高天琦	王佳莹
李佳妮	崔 浩	任 艳
李 航	黄 佳	刘 洋
李 华	何海燕	房丰森
张馨月	李 芳	孙 澜
韩淑杰	范明燕	张一志
毛海英	旭 日	剡 楠
佘三池	傅 文	赵旭东
陈 蕊	胡婷婷	范亚丽
杨富云	宗 伟	刘丹凤
王 莉	虎占山	王韦翔
卢允庆	孙学娇	

目 录

第一章 思想政治教育的基本内涵 …………………………………（1）
　第一节 高校思想政治教育内涵 …………………………………（1）
　第二节 高校思想政治教育的社会内涵 …………………………（7）
　第三节 高校思想政治教育的个体发展内涵 ……………………（12）
　第四节 高校思想政治教育内涵的延伸 …………………………（17）

第二章 思想政治教育的现状分析 …………………………………（23）
　第一节 加强和改进高校思想政治教育工作的重要意义 ………（23）
　第二节 高校思想政治教育的历史演进 …………………………（32）
　第三节 大学生思想政治教育面临的新情况 ……………………（41）

第三章 新媒体时代下思想政治教育教学模式 ……………………（52）
　第一节 高校思想政治教育模式新探讨 …………………………（52）
　第二节 新媒体环境下高校教学管理优化和创新 ………………（59）
　第三节 新媒体对大学生思想政治教育的积极意义 ……………（65）
　第四节 新媒体时代给大学生思想政治教育带来的机遇与挑战 …（69）
　第五节 新媒体环境下加强和改进大学生思想政治教育的对策思考 …（78）
　第六节 新媒体时代下做合格的大学生 …………………………（84）
　第七节 在新媒体环境下要坚定正确的政治方向 ………………（92）
　第八节 大学生在新媒体环境下要高举爱国主义旗帜 …………（101）
　第九节 新媒体时代下要强化大学生纪律观念、树立科学人生观 …（111）

第四章 思想政治理论课"实践论"教学模块 ……………………（119）
　第一节 爱国实践 …………………………………………………（120）
　第二节 专业实习 …………………………………………………（122）
　第三节 志愿服务 …………………………………………………（125）
　第四节 公益活动 …………………………………………………（127）
　第五节 社会调查 …………………………………………………（132）
　第六节 勤工助学 …………………………………………………（135）
　第七节 社团活动 …………………………………………………（137）

第八节　自定义项目 …………………………………………（141）
第五章　思想政治教育的反思 ……………………………………（143）
　　第一节　学生干部队伍建设的思想政治教育反思 ……………（143）
　　第二节　辅导员队伍建设的思想政治教育反思 ………………（144）
　　第三节　班主任工作的职责和队伍建设反思 …………………（145）
　　第四节　学校整体建设的思想政治教育反思 …………………（146）
参考文献 ……………………………………………………………（160）

第一章　思想政治教育的基本内涵

加强和改进高校思想政治教育，首先要把握高校思想政治教育的基本内涵。内涵搞清了，在具体实践中，高校思想政治教育才能有的放矢。在本章，我们将在对高校思想政治教育的基本内涵进行界定的基础上，深入探讨其社会内涵、个体发展内涵及其他一些延伸性内涵。

第一节　高校思想政治教育内涵

高校思想政治教育的内涵反映高校思想政治教育这一教育实践活动的本质属性。这一本质属性具有相对稳定性，但也随着高校思想政治教育社会环境、任务、目标的变化而不断发展。前者体现为高校思想政治教育内涵的继承性，后者体现为高校思想政治教育内涵的创新性。

一、高校思想政治教育的内涵

在《现代汉语词典》中，所谓内涵是指"一个概念所反映的事物的本质属性的总和，也就是概念的内容"。按照内涵的这一定义，高校思想政治教育的内涵就应当是"高校思想政治教育"这一概念所反映的事物的本质属性的总和，即"高校思想政治教育"这一概念的内容。在实践中，高校思想政治教育主要是高校思想政治工作者利用一定的思想观念、政治观点、道德规范，对大学生施加有目的、有计划、有组织的影响，使他们形成符合中国特色社会主义所需要的思想品德的教育实践活动。因此，高校思想政治教育的基本内涵是指最能反映这一教育实践活动本质属性的主要内容。

在哲学中，所谓事物的本质属性，是指事物固有的、决定事物性质、面貌和发展的根本属性。由此出发，高校思想政治教育的本质属性也应当是高校思想政治教育固有的、决定其性质、面貌和发展的质的规定性。因此，这种本质属性应包括两个方面：第一，本质属性应贯穿高校思想政治教育活动的始终，是高校思想政治教育活动中最普遍最一般的固有属性，且规定和影响其他派生属性（非本质属性）；第二，本质属性应该是高校思想政治教育变化发展的根据。根据这两个方面，笔者认为高校思想政治教育的本质属性应为政治性与科学性的有机统一。政治性是高校思想政治教育的阶级属性。如果没有表示阶级意志的政治性，不能维护统治阶级的有效统治，那么高校思想政治教育就不可能存在，更不可能发展，因此政治性是贯穿高校思想政治教育始终的一个特有属性。科学性是高校思想政治教育的客观实践属性。如果不反映客观事物的本质和历史发展的趋势，不能最终促进社会生产力的发展，不代表广大人民群众的根本利益，高校思想政治教育就不能得到发展，当然也不能长久地存在，因此，科学性是高校思想政治教育本身得以发展的内在规定性。

综上所述，要完整准确地认识高校思想政治教育的本质，就必须坚持高校思想政治教育政治性与科学性在理论与实践上的有机统一。在这一问题上，目前存在着两种不良倾向：一种倾向是强调高校思想政治教育的政治性，而偏离高校思想政治教育的科学性，从而使高校思想政治教育变得空洞与说教，表现为泛政治化，就形势而追踪形势，就热点而炒作热点，缺乏系统的科学理论支撑。这种倾向在一定程度上使高校思想政治教育的效果一击就垮。另一种倾向是强调高校思想政治教育的科学性，否定高校思想政治教育的政治性，从而使高校思想政治教育变得盲目。例如，在实践中，一些高校的"法律基础"课被称为"法学概论"课。高校思想政治教育丧失政治性，就意味着主动放弃意识形态领域的主导权，后果将不堪设想。因此，深化对高校思想政治教育本质属性的认识，是当前提高高校思想政治教育有效性、加强高校思想政治教育学科建设的当务之急。

二、高校思想政治教育内涵的继承性

伽达默尔认为，所有的概念都不是固定不变的，其意义必定随着时间推移在阐释者的实践理解中发生变化。因此，语言概念的意义只能在不间断的交流或对话中得到澄清，阐释只能通过不断与其他阐释者对话来验证自己对世界的阐释是否正确、是否理性，而传统（语言传统、意义传统及有关主体间相互理解时所依赖的共同语言环境的一切因素的传统）正是使这种对话得以顺利进行的基础。传统是历史的沉淀。流传至今的"传统"是历史的超越，必有它存在的理由。因此，善待传统是人类明智的表现。向传统学习，把传统转化为我们心智的一部分，就成为每个人的永不停歇的过程。

为了避免低水平地重复制造，人们必须遵从学术传统，在传统的基础上提出和研究问题，使传统得以发展。在思想发展史上，每一个新的思想的出现，都不是孤立的现象，无不可从传统中找到它的碎片和痕迹。在历史的演进过程中，传统并非一成不变，它会发生衍化。就大的方面而言，分为以下几类：一些传统历经时代变迁，活力依旧，本色不改；一些传统被赋予新质，在蜕变中仍显其本质特性；一些传统与社会发展方向相悖，但终因各种复杂的因素而悄然存活。区别这些各自不同的传统是必要的，至少可以给如何继承提供路径。显然，对前两类传统应视其情况予以继承，对后一类传统则应力拒。

作为一个概念，高校思想政治教育的内涵也有着自身的变与不变。从不变的角度看，今天的高校思想政治教育是历史的继续，其基本内涵首先是对传统的继承。重视高校思想政治教育是党的优良传统。在党的历史上，高校思想政治教育形成了自身的丰富内涵。继承党的优良传统，把传统证明过的科学的东西纳入高校思想政治教育的现状中来，是高校思想政治教育自身发展的需要。在全国加强和改进大学生高校思想政治教育工作会议上，胡锦涛同志指出："要坚持继承优良传统与改进创新相结合，坚持党的思想政治工作的优良传统，积极探索新形势下大学生高校思想政治教育工作的新途径新办法。"胡锦涛同志的讲话高屋建瓴，对高校思想政治教育继承传统、继往开来，具有很强的理论意义和现实意义。

在中国共产党高校思想政治教育史上，党为把大学生培养成为对祖国和人民的有用之才，曾先后提出了许多科学的标准和要求。从毛泽东当年提出"身体好、学习好、工作好"的"三好"要求，到邓小平提出"有理想、有道德、有文化、有纪律"的"四有"标准，再到江泽民同志提出"坚持学习科学文化与加强思想修养的统一"，"坚持学习书本知识与投身社会实践的统一"，"坚持实现自身价值与服务祖国人民的统一"，"坚持树立远大理想与进行艰苦奋斗的统一"的"四个统一"的要求，都着眼于中国革命、建设和改革的具体实践与客观要求，为大学生成长为栋梁之材指明了方向，设定了标杆。从总体上看，这些针对广大青年特别是大学生专门提出的标准和要求，是一脉相承的科学体系，从强调德、智、体协调发展，到强调理想、道德、文化、纪律兼备，再到强调求学和做人、知识和实践、个人和社会、理想和现实的统一，既体现了人才培养的目标，同时也包含了丰富的高校思想政治教育内容，揭示了高校思想政治教育的丰富内涵。这些内涵在高校思想政治教育中具有恒久的意义。

三、高校思想政治教育内涵的创新性

传统固然重要，但是它不能包揽和代替现实。因为事物在发展，现实在变化，新的东西总是层出不穷，一味抱残守缺，无异于刻舟求剑，不能适应时代的发展和社会的需求。因此，在合理继承传统的基础上，改进和创新实属必然。

创新是对传统做大胆的扬弃，重在创意、创建和创立。创新需要科学与人文的价值导向：求真、向善。求真，即贴近现实，追求真理；向善，即符合完美的人性，追求人类的终极关怀，体现符合多数人意向的道德情感，它是一种价值承诺，是教育信念确立的基础和前提。对创新要进行价值评价，不能单一强调新，否则就是庸俗的进化论。在创新这一概念中，"创"始终是手段，"新"才是目的。所谓新，并不是仅仅标新立异，要看其是否具有新特质，是否具有新价值，是否体现事物的本质，是否代表社会发展的方向。我们需要的是真正意义上的创新，反对徒有其表的所谓的创新。那种把创新仅仅停留在现象层面，甚至停留在口号上的做派，是学风浮躁的表现，绝非真正意义上的创新。旧和新，只是相对而言，旧在之前也曾是新的，何况它能沿袭至今，必有其缘由，不能大起大落，做简单的肯定和否定。在各种思潮并起、社会价值观多元的当今社会，对"旧"和"新"进行梳理，还它以本来面目，是继承和创新的逻辑起点。

针对教育，包括高校思想政治教育的保守性、封闭性，邓小平提出了教育要面向现代化、面向世界、面向未来的主张，还提出了培养"有理想、有道德、有文化、有纪律"的社会主义新人的目标，为克服高校思想政治教育的功能性危机，推动高校思想政治教育实现创新指明了方向。同时，当代，社会迅速发展的情况，同过去时代已有很大不同，现在绝不是过去的再现，未来更不是现在和过去的翻版，教育的重任是要为一个未知的世界培养人，"在历史上第一次为一个尚未存在的社会培养新的人。这就为教育体系提出一个崭新的任务"。因此，在现代社会条件下，高校思想政治教育的生命线作用、先导性作用，应当合理地被理解和作为创新功能进行发展和发挥。这种发展和发挥的基础和需要，就是思想政治教育向更新领域的发展。

进入21世纪以来，在继承和发展毛泽东、邓小平、江泽民有关重要论述的基础上，胡锦涛同志对全国青年提出了"四个新一代"的要求，鼓励广大青年努力成为"理想远大、信念坚定的新一代，品德高尚、意志顽强的新一代，视野开阔、知识丰富的新一代，开拓进取、艰苦创业的新一代"。这一要求指明了大学生成长成才的目标，为当代青年的健康成长进一步指明了方向和途径，也为高校思想政治教育提出了新的更高的要求。在培育"四个新一代"人才标准的指引下，高校思想政治教育工作必须要在实践中实现创新。长期以来，我国高校思想政治教育较多地侧重了政治教育，而对高校思想政治教育作为一个系统工程缺乏足够的认识和把握，同时对高校思想政治教育内容的划分也不够清晰和准确。在中央召开的全国加强和改进大学生高校思想政治教育工作会议上，胡锦涛同志结合大学生成长成才的素质要求，结合社会主义人才培养的目标，提出了高校思想政治教育的基本内容：高校思想政治教育要以理想信念教育为核心，深入进行正确的世界观、人生观、价值观教育；以爱国主义教育为重点，深入进行民族精神教育；以基本道德规范为基础，深入进行公民道德教育；以大学生全面发展为目标，深入进行素质教育。这一论断科学而全面地界定了高校思想政治教育的内涵，构建起了一个既有核心又有重点，既有基础又有目标的思想政治教育内容体系。在这个内容体系中，"三观"（世界观、人生观、价值观）教育、民族精神教育、公民道德教育和素质教育有机统一，思想教育、政治教育、道德教育和心理健康教育紧密结合，个人、集体和社会相互承接，层次分明、重点突出、目标清晰、任务明确，使高校思想政治教育的内容更加完备、充实和科学，从而为培养造就德智体美全面发展的社会主义合格建设者和可靠接班人提供了保障和基础。

四、高校思想政治教育的领域拓展

近年来，社会的发展对高校思想政治教育提出了新的要求。基于教育要面向现代化、面向世界、面向未来的思维，也基于现代社会和学科领域的高度分化与高度综合相结合的发展趋势，高校思想政治教育的作用范围在扩大，高校思想政治教育在向新的领域拓展。

第一，高校思想政治教育向宏观领域的拓展。这种拓展表现在两个层面上：其一是国内层面，就是高校思想政治教育要面向社会主义现代化建设，把社会主义现代化建设作为政治方向，作为高校思想政治教育的主题。

高校思想政治教育要向业务活动、经济活动、管理工作广泛渗透，深深植根于现代社会生活之中。在现代社会条件下，政治、经济和科学技术的发展，不断开辟出新的领域，环境问题、生态问题等新发展的领域和新涌现的问题，既广泛深刻地推动和影响着社会的进步，也折射出许多新的思想、政治、道德问题，迫切需要发展的高校思想政治教育与之相适应，创建竞争伦理、科技伦理、环境伦理、网络伦理等，保证和促进新的领域的发展。其二是国际层面，为了适应对外开放的需要，我们要培养大批面向世界的人才。面向世界的人才不仅要有参与世界范围竞争的科学技术水平，也要有面对世界的思想、道德和心理素质。面对世界上各种文化和价值观的冲击，更要有正确分析、鉴别、选择人生观、价值观的思想基础；投身于世界范围的经济、科技、人才竞争，更要有敢于竞争的勇气和自强不息的精神；生活在对外开放的环境和活动在各种场所，更要有健康的心理和文明风度。这些思想政治素质，比过去要求更高，也更全面。

第二，高校思想政治教育向未来领域的拓展。随着开放的扩大和改革的深化，科学技术的迅猛发展、物质文化生活水平的提高和竞争机制的广泛引入，既增加了社会的复杂程度，又加快了社会的变化频率。因此，现代社会对大学生来说，在其发展过程中总是既存在机遇，又存在风险。青年学生希望自己能抓住机遇，避免风险，他们更加关注发展的前景，更加注视未来领域的发展趋向。高校思想政治教育必须面向未来发展，探索适用未来领域的理论与方法。高校思想政治教育的一个重要作用是导向，即以正确的思想指导大学生进行实践活动。因而高校思想政治教育应当具有超前性和预防性，要保证和促进大学生面向未来的顺利发展。高校思想政治教育当然不能代替大学生的预测与决策，但高校思想政治教育可以帮助大学生增强面向未来的意识，使之对未来发展趋势有一个清晰认定，学会抓住机遇，化解风险，避免偶然因素和不道德行为的干扰和冲击，增强预测与决策的自觉性。同时，高校思想政治教育还要帮助大学生掌握科学的预测和决策方法，克服经验主义、盲目主义倾向，防止由于复杂因素的困扰和不能面对差距而陷入宗教、迷信的倾向。因此，社会的发展和大学生的发展，既向高校思想政治教育提出了面向未来进行预测和决策的要求，也为其开展预测和决策创造了条件。正确的预测既是为了现在，更是为了未来，为了在预见的前景和目标之前采取正确的教育决策和教育措施，实现教育的科学化。现代高校思想政治教育一定要研究预测和决策的理论和方法，形成高校思想政治教育预测与决策的分支学科，为高校思想政治教育提供理论指导。

  第三，高校思想政治教育向微观领域的拓展。所谓高校思想政治教育的微观领域，就是指高校思想政治教育工作者与大学生的内心世界。宏观的客观世界同人们的主观的内心世界总是不可分割地联系在一起的。宏观世界的开放性、复杂性、易变性也会导致人们内心世界的开放、复杂与变动。因此，高校思想政治教育在向宏观领域发展的同时，也必须向微观领域发展。人们内心世界具有更大的复杂性和潜藏性，它像一个"黑箱"，无法窥探，也难以敞开，只能通过深入研究，才能把握其发展变化的规律性。在现代社会条件下，社会因素和社会信息不断增多，并且变化节奏加快，整个社会和人们的利益关系复杂程度增加，引起大学生的心理震荡，增加心理负荷，甚至导致一些人出现心理不平衡、心理障碍与心理疾病。因此，心理方面的问题十分突出地摆到了高校思想政治教育者面前。开展心理测试与心理分析，进行心理诊断与心理咨询，普及心理保健知识，提高心理素质，便成为高校思想政治教育的一项重要任务。研究人们内心世界的问题，还有一个更重要的任务就是开发人力资源。每一个人都有一个复杂的内心世界，每一个人都有巨大的潜能。我们要把人们的潜能充分发挥出来，把人力资源充分开发出来，如果不掌握人们内心世界的发展变化规律，不能有效地把外在教育内化为人们的思想，就只能是一句空话。所以，我们要探索思想内化理论，掌握心理发展规律，建立具有中国特色的高校思想政治教育心理学。

第二节 高校思想政治教育的社会内涵

社会性内涵是高校思想政治教育的基本内涵。在党的历史上，为社会现实服务，依据社会发展的需要确定教育内容，是高校思想政治教育的光荣传统。中华人民共和国成立前，高校思想政治教育为新民主主义革命服务；中华人民共和国成立后，高校思想政治教育先后为社会主义革命和建设服务，形成了高校思想政治教育在不同历史时期的特定社会内涵。在新的历史时期，高校思想政治教育的社会内涵主要体现在普及马克思主义中国化理论、树立中国特色社会主义共同理想、弘扬民族精神与时代精神、树立社会主义荣辱观等几个方面。

一、普及马克思主义中国化理论

马克思主义自20世纪初传入中国便根植于中国社会，并与中国社会的具体实际结合起来，形成了中国化的马克思主义。在这一历史过程中，以毛泽东、邓小平、江泽民为杰出代表的中国共产党人，及以胡锦涛为总书记的新一代领导集体把马克思主义与中国国情相结合，先后产生了四大理论成果——毛泽东思想、邓小平理论、"三个代表"重要思想和科学发展观，后三者又是中国特色社会主义理论体系的重要组成部分。在革命战争年代，毛泽东思想围绕"什么是革命政权，怎样夺取政权"的时代主题，创立了具有鲜明中国特色的新民主主义理论，完整地提出了人民民主专政的理论，使一个独立自主的社会主义中国开始屹立在世界的东方；在和平与发展时期，邓小平理论围绕"什么是社会主义，怎样建设社会主义"的时代主题，对社会主义的本质理论、社会主义初级阶段理论等进行创新，开辟了中国特色社会主义建设道路；进入21世纪，江泽民科学判断党所处的历史方位，围绕着"建设什么样的党，怎样建设党"的时代主题，提出了"三个代表"重要思想，深化了对共产党执政规律、社会主义建设规律和人类社会发展规律的认识；中国的改革发展进入关键期，胡锦涛总书记围绕"发展什么，为什么发展和怎样发展"的时代主题，提出了科学发展观，在发展的目的、发展的地位、发展的内容、发展的战略等方面做了深刻的阐述。

马克思主义中国化的四大理论成果是一脉相承的思想理论体系。毛泽东思想、邓小平理论、"三个代表"重要思想和科学发展观具有本质上的一致性。它们都以辩证唯物主义和历史唯物主义作为世界观和方法论，把解放和发展生产力作为历史进步的着眼点，把实现共产主义、解放全人类作为根本目标。同时，它们又都是开放的理论体系，坚持解放思想、实事求是、不断汲取时代精神的精华而丰富和发展自己，都具有与时俱进的特性。马列主义、毛泽东思想、邓小平理论、"三个代表"重要思想和科学发展观是被实践证明了的科学理论，是我们立党立国之本。

二、树立社会主义共同理想

一个国家的可持续发展，一个国家的内部和谐，与该国现实的政治经济状况密切相关，与该国国民的共同理想也密切相关，这两种相关是同等重要的。强大而明确的共同理想，甚至能在很长的时期内克服政治经济结构的现实裂痕，这在历史上不乏其例。中国经过近现代的曲折徘徊与浴血奋争，经过近几十年来的探索发展，已经走出了一条适合自身国情、能有效发挥本国优势且取得了辉煌成就的道路，这就是中国特色社会主义。

如果说，在共产主义启蒙时期形成理想信念需要思想上的睿智与敢为天下先的勇气的话，目前已经积累的辉煌的历史成就使新的一代人更容易形成更坚定的中国特色社会主义共同理想。但新的一代人又是没有苦难记忆的一代人，他们生活在一个思想多元化的开放社会，所以，主旋律的高扬更显得必要。目前，中国改革开放社会已经进入转型期，也是一个矛盾凸显期，更深入的中国特色社会主义共同理想的教育，有助于包括大学生在内的社会成员正确认识改革过程中出现与积累的矛盾，树立人们解决矛盾的信心，构建和谐社会。中国特色社会主义共同理想教育是当代高校思想政治教育的"灵魂"和基础，它决定着高校思想政治教育的基本性质。可见，中国特色社会主义共同理想教育是当前高校思想政治教育的关键和核心所在。其功能和作用主要体现在以下几个方面：

第一，中国特色社会主义共同理想教育决定着高校思想政治教育的基本性质。大学阶段是大学生确立自我、实现人生目标的关键时期，引导大学生树立高远的志向是高校思想政治教育的核心内容。共同的理想信念是一定社会主体共同价值目标的集中体现，当代中国高校思想政治教育的实质就在于从思想政治理论的高度，使大学生充分认识到中国特色社会主义共同理想的科学性，使大学生不仅在情感上，而且能从世界观的高度，理性地接受和认同中国特色社会主义的价值目标。只有牢固地树立起中国特色社会主义共同理想，以社会主义核心价值体系凝聚广大青年学生，才能产生经久不衰的动力，使他们既看到中国特色社会主义事业面临的挑战和困难，又看到中国特色社会主义事业所具有的旺盛生命力，在构建社会主义和谐社会、加快社会主义现代化建设的历史进程中奋发有为，建功立业。

第二，中国特色社会主义共同理想教育是振奋大学生精神、鼓舞大学生进取的有效途径。中国特色社会主义充分反映了我国最广大人民群众的共同愿望、利益和要求，是全国各族人民不懈追求的共同理想。这个共同理想把国家、民族与个人紧紧地联系在一起，它有利于调动全体人民共同为之奋斗，能够最大限度地统一社会意志、集中社会智慧、激发社会活力，为构建社会主义和谐社会提供有力的精神保证。大学生是十分宝贵的人才资源，是民族的希望，是祖国的未来。加强和改进高校思想政治教育，提高他们的思想政治素质，对于确保中国特色社会主义事业兴旺发达、后继有人，具有重大而深远的战略意义。通过中国特色社会主义共同理想教育，可以使大学生懂得：要实现个人理想，就必须从现实出发，从自己做起，从身边的小事做起，脚踏实地，百折不挠；要实现中国特色社会主义理想和中华民族的伟大复兴，就必须多读书、读好书，努力学习科学文化知识，提高科学文化素质，掌握科学知识、科学方法和科学思想，提高自己辨别是非的能力。

第三，中国特色社会主义共同理想教育是衡量高校思想政治教育效果的重要标准。高校思想政治教育的目的是使大学生认同和接受社会主义的基本思想和价值目标。在我国现阶段，就是要使大学生接受我们党的政治主张和政治信仰，并且充分看到广大人民群众的利益与自身利益的一致性，使建设中国特色社会主义的理想成为他们的共同理想。所以，评价高校思想政治教育效果的一个重要标准，就是要看党的政治主张、政治信仰和现阶段我国各族人民的共同理想是否为广大青年学生所认同。能不能培养出一代又一代有觉悟的社会主义新人，既是衡量高校思想政治教育效果的重要标准，更是关系到社会主义和共产主义远大目标能否实现的关键。在教育大学生成为"四有"新人的目标体系中，中国特色社会主义共同理想始终摆在第一位。只有树立中国特色社会主义理想，学生才能自觉地运用社会主义的道德和纪律来约束自己，才能产生努力学习科学文化的强大内在动力。

三、弘扬民族精神和时代精神

民族精神是一个民族在长期的历史发展过程中逐步形成和培育起来的一种独具民族特色的、自觉的群体意识，是民族文化、民族智慧、民族情感、民族心理、民族共同理想、民族共同价值取向和民族行为规范等民族个性的综合体现。中国自古便是一个多民族的国家，几千年来，在以中原地区民族为中心与周边少数民族绵延不断的民族文化的碰撞与交融中形成了以汉族为中心的一体多元的民族结构，由此而逐渐萌生的民族意识最终整合为中华民族精神，成为推动中华民族发展壮大的精神力量。加强中华民族优秀传统和艰苦奋斗教育，是新时期高校思想政治教育的重要内容。中华民族在五千年的文明发展史中，为我们留下了丰富的文化遗产，蕴涵在其中的伟大的民族精神，是中华民族传统文化的积淀和升华。我国如何在更加开放的环境下不断发展壮大中华民族传统文化，增强广大群众特别是青少年对民族文化的认同和自信；如何在激烈的国际竞争中努力确立并发挥我们自己的民族文化优势，增强民族文化竞争力，维护国家文化安全等，成为高校思想政治教育面临的重大课题。必须坚持以人为本，挖掘中华民族的文化资源，把民族精神教育作为高校思想政治教育的重中之重，实现古今文明的优势互补。

时代精神是时代思想的结晶，是一个时代科学认识成果和进步潮流的凝聚，是对时代问题的能动反映和应答，是某一社会在特定时代代表主流文化的内在、稳定而又深刻的东西，是一个时代、一个民族大多数人所希望、所向往、所信奉、所为之激动不已、追求不止的观念和精神，具体体现在这个时代大多数人的精神风貌、民族特质、理想信念、生活态度、价值取向、人生追求、风俗习惯、行为规范及所有活动之中，是贯穿于其中的原则、灵魂和起统摄作用的东西。时代精神产生于时代之中并表现时代，与时代发展一样具有一致性和同步性。因为，它就是时代变化的晴雨表或集中体现。时代精神反映了时代的特点、时代的内容并适应了时代的要求，它为特定时代提供精神支柱、动力和文化条件。当今时代精神主要体现在科学精神、人文精神、民主精神、开放精神和创新精神上，体现在"解放思想、实事求是，与时俱进、勇于创新，知难而进、一往无前，艰苦奋斗、务求实效，淡泊名利、无私奉献"上，其本质和灵魂在于创新。高校思想政治教育要善于从时代精神中汲取营养，在时代发展和社会进步中掘取资源，吸纳表达时代精神，把时代精神作为塑造一代新人的核心内容，贯穿于教育的全过程，渗透到教育的方方面面。无视时代的进步，社会的发展，与时代精神和时代发展相左，高校思想政治教育就很难被人们接受，很难体现时代感，很难取得实效。

四、树立社会主义荣辱观

中国共产党在领导中国革命、建设和改革的过程中，对加强高校思想政治教育极其重视，并在实践中积极探索高校思想政治教育的基本规律。总结这些规律，其中的一条重要经验就是，要高度重视高校思想政治教育的育人功能，要特别强调人才思想道德素质的重要性，强调道德养成对于人才培育的重要意义。毛泽东在谈到青年高校思想政治教育时也提出，讲道德的青年才是真正的模范青年，具有坚定政治方向的道德才是真正的政治道德，"有一些人，他们嘴上道德、气节乱喊一阵，但在政治上是不坚定的，中途会变节，这是无道无德"，这些都说明了思想道德素质在人才素质构成和高校思想政治教育中的极端重要性。当代大学生理应是思想道德素质和科学文化素质协调发展的一代。高校不但要注重大学生的文化素质教育，更要注重大学生的思想道德教育。正如大科学家爱因斯坦所说："用专业知识教育人是不够的。通过专业教育，他可以成为一种有用的机器，但是不能成为一个和谐发展的人。要使学生对价值有所理解并且产生热烈的感情，那是最基本的。他必须获得对美和道德上的善恶鲜明的辨别力。"

面对21世纪新阶段我国经济社会发展对人才培养的客观要求，胡锦涛同志在深入总结长期以来大学生成长成才的基本规律、深入总结中国共产党思想政治工作的历史经验的基础上提出，要引导包括大学生在内的青少年树立"以热爱祖国为荣、以危害祖国为耻，以服务人民为荣、以背离人民为耻，以崇尚科学为荣、以愚昧无知为耻，以辛勤劳动为荣、以好逸恶劳为耻，以团结互助为荣、以损人利己为耻，以诚实守信为荣、以见利忘义为耻，以遵纪守法为荣、以违法乱纪为耻，以艰苦奋斗为荣、以骄奢淫逸为耻"的社会主义荣辱观。荣辱观是马克思主义世界观、人生观、价值观的具体体现，是影响人一生的重要观念。以"八荣八耻"为具体内容的社会主义荣辱观是继马列主义、毛泽东思想、邓小平理论和"三个代表"重要思想的又一伟大思想，符合当代中国发展趋势，为当代高校思想政治教育提供了依据和标准，是新形式、新条件下对大学生思想教育的新要求。

大学生代表着祖国的未来，肩负着中华民族伟大复兴的历史使命，对大学生加强社会主义荣辱观教育十分必要和迫切。"以热爱祖国为荣、以危害祖国为耻"有助于丰富大学生个体爱国主义的思想情感体验，增强大学生的民族精神；"以服务人民为荣、以背离人民为耻"有助于提高大学生的职业道德素养，培养为人民服务的情感；"以崇尚科学为荣、以愚昧无知为耻"有助于在大学生中弘扬科学精神、普及科学知识、树立科学观念、提倡科学方法，提高他们的科学文化素质；"以辛勤劳动为荣、以好逸恶劳为耻"有助于大学生树立正确的劳动意识，增强大学生热爱劳动的思想观念；"以团结互助为荣、以损人利己为耻"有助于培养大学生的协作精神和团队意识，形成团结和谐的人际关系；"以诚实守信为荣、以见利忘义为耻"有助于大学生正确处理利益关系，形成良好的道德风尚；"以遵纪守法为荣、以违法乱纪为耻"有助于提高大学生的法律意识和法制观念，形成良好的公共秩序；"以艰苦奋斗为荣、以骄奢淫逸为耻"有助于大学生养成勤俭节约朴素的生活习惯，投身于节约型社会的建设。

"八荣八耻"涵盖了爱国主义、集体主义、社会主义思想，体现了中华民族的传统美德和时代要求，反映了社会主义世界观、人生观、价值观，明确了当代中国最基本的价值取向和行为准则，是马克思主义道德观的精辟概括，是新时期社会主义道德的系统总结，也是当前高校思想政治教育的一项崭新内容，在本质上是与高校思想政治教育的目标、指导思想、内容相一致的。所以，要加强高校思想政治教育，就要在大学生中牢固树立社会主义荣辱观。

第三节 高校思想政治教育的个体发展内涵

高校思想政治教育除了具有社会内涵，还具有个体发展内涵。由于特定的历史原因，长期以来，在高校思想政治教育中，其社会内涵居主导地位，其个体发展内涵一度被忽视。中华人民共和国成立后，高校思想政治教育的个体发展内涵逐渐进入人们的视野。改革开放以来，尤其是近年来，随着人们对大学生主体地位的重视，高校思想政治教育的个体发展内涵日益显现出来。当前，高校思想政治教育的个体发展内涵主要体现在促进大学生人际和谐与心理和谐、培养大学生的竞争意识与合作精神、培育大学生的人文精神与科学精神、促进大学生全面协调发展、培养大学生的健康个性等几个方面。

一、促进大学生人际和谐与心理和谐

党的十六届四中全会提出了"构建社会主义和谐社会"的新命题，并且把和谐社会建设放在与经济建设、政治建设、文化建设并列的突出位置。这不但对树立和落实科学发展观、实现经济社会协调发展具有重要的意义，而且，为加强和改进高校思想政治教育指明了新的方向。思想政治工作是社会主义和谐社会建设的重要组成部分，其基本精神亦与之相符合。《中共中央、国务院关于进一步加强和改进高校思想政治教育的意见》中提出了"六结合"的基本原则，即教书与育人相结合，教育与自我教育相结合，政治理论教育与社会实践教育相结合，解决思想问题与解决实际问题相结合，教育与管理相结合，继承优良传统与改进创新相结合。这实际上已经从原则的层面对当前高校思想政治教育中的和谐主题做了明确阐释。党的十七大报告在论及和谐文化时，又突出强调，"要加强和改进思想政治工作，注重人文关怀和心理疏导，用正确方式处理人际关系"。可见，高校思想政治教育的主要内容与和谐社会的本质要求是完全一致的。大学生人际和谐与心理和谐教育，既体现了高校思想政治教育的个体发展内涵，也体现了建设和谐社会的时代重任对高校思想政治教育的要求。

当前，如何实现个人与他人关系的和谐、如何实现团队的和谐发展，成了影响大学生成长的重要问题。随着社会分工的细化和科学领域的不断拓展，当今社会越来越强调团队协作的重要性。我国高等教育招生大众化、后勤社会化、学分制的深化，严重地冲击了大学里班级、寝室等基本团队形式。这导致了学生的自我意识不断增强，团队协作意识相对淡薄。因此，加强团队教育，成为高校思想政治教育面临的重要任务。团队教育强调的是在以人为本、以学生为本基础上的团队协作与配合，从而实现团队与个体的共赢。当前大学里的团队形式较为丰富，主要包括班级、寝室、学生会、社团、学生组建的各种工作室等等。大学应制订专门的团队评奖评优制度，设立优秀班集体、优秀寝室、优秀社团、优秀工作室等奖项，并将其纳入学生奖励体系，加大对团队的奖励力度，激发学生加入团队，扮演不同的团队角色，在其中得到相应的锻炼和成长，从而为学生实现与他人关系的和谐、实现团队的和谐发展奠定良好的基础。

人自身的和谐是整个社会和谐发展的根本前提。当前大学生在成长过程中面临的自身和谐问题主要表现在：理想追求与现实可能的不和谐；认知与行为的不和谐；身体成长与心理发育的不和谐；主观成长需要与现实拥有条件的不和谐等。为此，高校在高校思想政治教育过程中必须抓住这几个关键要素，认真做好学生的心理健康教育，通过系统的心理测试、有针对性的心理咨询、心理素质拓展训练和完备的心理危机干预体系，让学生的心理与身体实现成长同步。同时，对学生的学业给以激励和引导。学业是大学生活的根本，要以激励为目标重新构建学生的奖学金制度，同时要推行"三轨辅导制"（为每一个班级至少配备一名专业导师、一名专职辅导员和一名课外辅导员），加强对学生学习和学业的引导，从不同角度辅导学生的学习与成才。此外，还要要求大学生在导师和辅导员的指导下，定期填写成长规划书，帮助大学生设立学习目标，并为之努力。

二、培养大学生的竞争意识与合作精神

社会主义市场经济体制的发展与完善，已经成为推动中国社会发展的重要方式，并且不容置疑地成为现代中国人生存与发展的重要环境条件。创设和优化竞争环境是现代高校思想政治教育的重要功能之一，是高校思想政治教育的时代性、针对性、实效性和价值性的体现，加强高校思想政治教育，可以为大学生创设竞争环境提供思想和社会心理基础及方向保证。高校思想政治教育必须依据马克思主义环境理论，在承认环境决定人的发展、决定人的思想道德面貌的同时，坚持人在环境面前具有主观能动性、人可以改变环境的基本观点，充分发挥意识的积极能动作用，通过不断地提高人们的思想道德意识，积极创设和优化现代竞争环境。

首先，高校要帮助大学生增强竞争意识，克服不正常的竞争心态。竞争的目的是破除平均主义的观念，以各种利益的差异形成积极进取的动力，使个体、集体、国家的利益得到最大满足，从而推动个人、社会的快速进步与发展。因此，竞争结果的差异是不可避免的。竞争的特质既然是机遇与风险并存，目标与结果不相吻合、竞争失败也就是不可避免的。如果对竞争的后果不具有心理平衡与协调的意识与能力，就容易使竞争造成消极的影响与后果，表现在对竞争目标和期望定位及实现过程中产生的不切实际的想法、急躁情绪和浮躁心理。由于目标和

期望实现受阻或难以实现而产生的挫折感、悲观思想和自暴自弃，对竞争结果的差异性不能正确对待而产生的心理失衡、对竞争的恐惧感，以及嫉妒心理、攀比心理和报复心理等，会导致大学生产生大量心理问题。这既容易引发人际关系的紧张与恶化，引发不道德行为和不正当的竞争，又无法形成健康的竞争心理。高校要在高校思想政治教育中通过心理咨询方法，帮助大学生进行心理调适，解决心理问题，提高心理素质和心理承受力；要通过帮助大学生加强心理平衡与协调意识的培养及能力的训练，提高他们自我认识、自我学习、自我调节、自我平衡、自我评价的能力，从而为竞争环境的创设和扩展提供良好的心理保证。

其次，高校要加强主导性与目的性的引导，为大学生在竞争环境中的发展提供方向保证。目前，意识形态领域的"趋同"论、经济领域的"唯利"论、价值领域的唯"物"论、道德领域的"自私"论、文化领域的"西化"论、信息领域的"虚拟"论等是竞争环境中存在的一些不正确的思潮。既然自主性与主导性是竞争环境健康发展的必要保证，在这种多元价值取向和多元文化并存的环境中，高校思想政治教育必须积极发挥其正确的导向功能。高校必须引导大学生正确认识道德在竞争环境中的价值和必要性。世界经济发展的实践表明，道德精神是促进经济增长、增强市场主体的竞争实力和经济效益的重要因素，经济领域的竞争，各种利益的协调，除了行政、法律的手段外，还必须借助于道德的力量。只有当人们具有竞争的道德意识，才会真正明确竞争的目的，正确处理竞争中出现的种种问题。高校还要加强公民道德教育，教育和引导大学生守法、守纪、守诚、守信、守德，做到公平竞争、以义求利，能够运用正确的伦理原则指导学习与研究。

最后，培养大学生的竞争意识与合作精神，高校应采用渗透性、潜在性、强化性和优化性的教育方式。所谓渗透性、潜在性，就是把高校思想政治教育所倡导的社会主义意识形态、正确的价值观和发展观潜移默化地渗透到竞争环境中去，由显性教育的方式转为隐性教育，寓教于环境，起"润物细无声"的作用。所谓强化性，就是在制定竞争原则和竞争规范时，明确公平正义的原则，强调守法、守纪、守诚、守信、守德的规范，制定竞争的基本道德要求，从而使高校思想政治教育在竞争环境中起引领作用。所谓优化性，就是对竞争环境中的不健康、不道德的行为和风气加以克服与净化，将优秀的精神文化、良好的道德风尚融合到竞争环境中，同时提高大学生的主体性，使之加强对竞争环境的鉴别力、选择力和改造力。只有这样，高校思想政治教育才能有效地培养大学生的竞争意识与合作精神。

三、培育大学生的人文精神与科学精神

近代以来的高等教育是以近代科技为核心内容的，其专业教育指向的是自然

世界，是对自然的认识和利用。究其实质而言，近代高等教育是大工业生产和科学技术革命的产物。在高等教育中，新的学科和学习内容被引进，数、理、化、工逐渐占据高校讲堂的中心。高校作为大工业生产的劳动力培养基地，作为科学技术研究和开发的信息库和人才库，对近现代社会生产和科学技术的发展起到了极大的推动作用。科学教育的重要性越来越引起人们的关注。科学精神作为人类文明的崇高精神，它表达的是一种敢于坚持科学思想的勇气和不断探求真理的意识，它具有丰富的内涵和多方面特征，具体表现为求实精神、实证精神、探索精神、理性精神、创新精神、怀疑精神、独立精神和原理精神。这些精神正是当代大学生个体发展所必需的，因此也是高校思想政治教育所要倡导和弘扬的。

人文精神是指人类对人的探求和对人世活动的理想、价值追求，人文精神是整个人类文化所体现的最根本的精神，是人类文化生活的内在灵魂。它以追求真善美等崇高的价值理想为核心，以人的自由和全面发展为终极目的。人文精神教育是现代教育的重要组成部分，是素质教育的根本。

高校以培养人才为天职，关心人的解放、人的完善、人的发展是高校存在的意义。高校的人文精神是经过长期的历史积淀，在不断的发展演绎过程中形成和发展起来的，有着稳定而丰富的内涵。它体现了对人的价值和生存意义的关怀，同时又以价值观念和行为规范的形式约束着大学生的行为，显示着高校不同于其他机构的气质特征。可以说，高校所弘扬的人文精神主要是指在处理人与自身、人与他人、人与社会和人与自然的关系中所持的正确价值观，以及建立在这种价值观基础上的行为规范。这种人文精神教育在大学生的人格塑造、文明行为养成等方面起着重要作用。切实加强人文精神教育是大学生全面发展的需要，是高校思想政治教育的重要内容。

需要注意的是，在一定意义上，科学精神本身就是高校思想政治教育所培养的一种人生信仰和理想追求，同时也是一种人文精神，是人文精神的一个不可分割的重要组成部分。老教育家杨叔子院士曾提出过"绿色教育"的概念。他说："教育应该充分发挥五百万年进化赋予人类的灵性，培养既有人性，又有灵性的学生。""育人和种树一样，也应该顺从学生的规律，不干扰他们，让他们自由成才。"高校思想政治教育只有把科学精神教育和人文精神教育结合起来，才是绿色教育，才能真正培养出全面发展的人才。思想政治素质是方向，科学精神是立事之基，人文精神是为人之本。因此，高校在弘扬人文精神时，要正确处理好人文与科技的关系，使人文与科技成为互补的双翼。要追求人文、科技的和谐发展，追求人文精神与科学精神的统一，让科技发展充满人文的关怀，让科技发展带来的一系列新问题，得到道德的、伦理的人文的解决。

四、促进大学生全面协调发展

人的自由而全面的发展，是马克思和恩格斯追求的理想目标。马克思和恩格斯所说的全面发展有两个层面的意义。其一是人的自由而全面的发展，是共产主义的本质特征。早在1848年，马克思和恩格斯在《共产党宣言》中就宣告："代替那存在着阶级和阶级对立的资产阶级旧社会的，将是这样一个联合体，在那里，每个人的自由发展是一切人自由发展的条件。"之后，他们又多次阐述了这一基本思想，把每个人自由而全面的发展看成比资本主义更高级的社会形式的"基本原则"。在恩格斯晚年时期，一位意大利出版商请恩格斯推荐马克思的一段必须充分体现马克思主义基本精神的话作为准备出版一部伟人名言录的卷首题词，恩格斯正是推荐了《共产党宣言》中上面的那段话。在马克思和恩格斯看来，人的自由而全面的发展是与生产力的发展成正比的，每个人自由而全面的发展，只有在物质财富极大丰富、人们的精神境界极大提高的共产主义社会，才能得到完全的实现。这是一个逐步提高、不断发展的过程。因此，在社会发展的每一阶段，也都存在着人的发展。这就是马克思和恩格斯在第二种意义上使用的"人的自由而全面的发展"：个人的能力和素质，以及社会关系的不断进步和提高。当前，我国正处于社会主义初级阶段，促进当代大学生全面、协调发展，正是高校思想政治教育个体发展内涵的重要体现。《中共中央、国务院关于进一步加强和改进高校思想政治教育的意见》指出：加强和改进高校思想政治教育，要"以大学生全面发展为目标"。这既体现了科学发展观的基本要求，又体现了大学生个体发展的内在需求。

大学生的全面发展，有物质的因素、技术的因素，也有精神的因素。在现阶段，影响和制约大学生自由而全面发展的因素也是多方面的，有物质的，有技术的，也有精神的。在生产力和物质文化有了长足发展，高校建设不断壮大和完善的条件下，大学生精神方面的制约因素显得越来越突出。归纳起来主要有两种：一是对社会发展认识不足，缺乏理想，只讲物质利益，只讲金钱，不讲理想，不讲道德。二是社会上还存在一些带有迷信、愚昧、颓废、庸俗等色彩的落后文化，甚至还存在一些腐蚀大学生精神世界、危害社会主义事业的腐朽文化。现实生活中，精神方面的制约因素远不止这些。这些现象足以给大学生的发展造成重大危害，甚至使支撑大学生整个世界的精神支柱彻底坍塌。要抵制这些因素对大学生精神大厦的腐蚀，必须加强和改进高校思想政治教育，发挥高校思想政治教育促进大学生全面、协调发展的强大功能。高校思想政治教育可以为大学生的全面、协调发展提供精神支持。思想道德素质的提高是大学生全面发展的前提。尽管大学生的思想道德素质的提高，其途径和方法是多种多样的，但高校思想政治教育的作用是不可替代的。高校思想政治教育不断解决大学生发展中提出的新课题，也不断促进大学生的全面、协调发展。没有科学而有效的高校思想政治教育，就没有大学生的全面、协调发展。

五、培养大学生健康个性

改革开放以来，大学生思想上的独立性、选择性、多变性与差异性都在增强。面对这些变化，一些高校观念滞后，在高校思想政治教育中，往往只强调主流思想，强调灌输和威压，强调整齐划一，把学生放在了对立的位置上。这种居高临下的"教育"，造成学生的逆反心理和对抗情绪，与教育初衷背道而驰。当前，高校思想政治教育应当转变观念，倡导健康的个性教育，把健康的个性教育作为高校思想政治教育的出发点和最终归宿。

教育学界普遍认为，个性是在一定的生理与心理素质基础上，在一定历史条件下，通过教育对象自身的认识与实践，形成和发展起来的个体独特的身心结构及其表现。如果大学生个性各系统发展均衡、协调，而且都达到了较高的层次水平，知、情、意统一，自我调控能力较强，内心冲突较少，就能够较好地适应社会，并表现出良好的创造性。这种个性就是一种健康的个性。高校思想政治教育应该是一种健康的个性教育，应当着眼于发展大学生的心理品质，形成完整和健全的心理结构，即形成一种健康的个性。

高校思想政治教育强调主导思想的一元化，弘扬社会主义的思想道德和文化。这主要作用于大学生个性核心层次的主导方面，即个性倾向性中的理想、信念、价值观、人生观、世界观等方面。与此同时，高校思想政治教育不应否定人的心理的多样性，而应鼓励大学生形成具有个人特色的能力、性格类型和自我调控方式。由于每个人的生物前提不同，形成个性的基础不同；由于家庭环境、所受教育、个人经历不同，人的个性会存在多种不同的组合方式和发展水平，表现出个性的差异性。这些差异性是客观存在的，是任何人为因素都难以抹杀的。高校思想政治教育的最终目标是实现大学生个性的优化，形成健康的个性。健康的个性存在多种形式，不同类型的个性，通过高校思想政治教育等手段，都可以达到结构优化，形成健康个性。培养大学生的个性，成为当代高校思想政治教育个体发展内涵的重要内容。

第四节　高校思想政治教育内涵的延伸

社会内涵与个体发展内涵是高校思想政治教育最基本的内涵。除此之外，在实践中，高校思想政治教育还向许多相关领域延伸。这些延伸了的内容，也是高校思想政治教育内涵的重要组成部分。例如，高校思想政治教育与历史教育、地理教育、国际政治教育相结合，延伸出认识基本国情与基本世情的问题；与法律教育相结合，延伸出培养民主意识与法制精神；与时事相结合，延伸出认识形势与政策的问题；与大学生的日常生活相结合，延伸出高校日常事务中的高校思想政治教育问题。下面我们将对这些延伸的内涵进行探讨。

一、引导大学生认识基本国情与基本世情

当前，人们受各种思想观念影响的渠道明显增多，程度明显加深，思想活动的独立性、选择性、多变性、差异性明显增强。当代大学生更是思想敏锐、勇于进取，思想观念趋于多元化，在各种社会思潮的影响下，往往表现出较强的事业心、责任感，但有时也会表现出良莠不分、社会责任感不强的弱点。针对这些复杂的现象，我们不能简单地肯定和否定，而应结合我国社会主义初级阶段的基本国情和当前国际形势，对大学生开展国情与世情教育，让他们认识到，只有社会主义才能使中国强大起来，激发学生树立为建设社会主义现代化强国，为人类作贡献的紧迫感、使命感和责任感。

在国情教育方面，除了加强国家历史与国家地理的教育，要着重结合改革开放的历史进程，引导学生认识中国特色社会主义的强大生命力，以及前进中面临的一些突出的问题。改革开放30年，我国经济社会发生了天翻地覆的历史性巨变，取得的成绩世界瞩目。英国《金融时报》认为，以一个发展中国家的身份，中国成为近年来全球经济增长的主力，这在现代经济发展史上是少见的。在巨变面前，我们仍需保持清醒的头脑。必须看到，中国处在社会主义初级阶段的基本国情并未改变，人民日益增长的物质文化需求同落后的社会生产力之间的矛盾并未改变。"一个巨变""两个未变"的国情告诉我们，实现现代化、赶上世界先进水平还有很长的路要走。我国人均国民生产总值（GDP）在世界上的排名还在100位以后。在中国广袤的大地上，还有将近300万绝对贫困人口。我国仍处于社会主义初级阶段。

在世情教育方面，除了加强世界历史与世界地理的教育，要着重引导学生认识当今世界和平与发展的时代主题，以及我国国际环境的复杂性。在21世纪，世界多极化和经济全球化的趋势在曲折中发展，科技进步日新月异，综合国力竞争日趋激烈。世界经济失衡加剧，能源资源压力增大，生态环境问题突出，贸易保护主义趋势上升，国际安全面临新的挑战。国际大环境对我国发展既有许多有利条件，也有不少不利因素，要求我们党准确把握人类社会发展规律，进一步推动建设和谐世界，为中国实现可持续发展创造所需要的外部环境；要求我们党抓住机遇、加快发展，在未来的发展中赢得更多的主动，在复杂多变的国际格局中始

终立于不败之地。这是我们党面临的国际局势变动的新考验。

二、培养大学生的民主意识与法制精神

民主与法制是现代国家的基本特征，也是中国特色社会主义的本质属性之一。培养大学生的民主意识与法制精神，是高校思想政治教育的主要任务之一。民主意识与法制精神教育，是当代高校思想政治教育的重要内涵。

首先，高校思想政治教育要致力于培养大学生健康的民主观念。民主观念是现代国家公民的基本素养。我国是社会主义国家，我们培养的人才更应当具有民主的素养。高校思想政治教育要致力于培养现代国家合格公民，培养当代大学生健康的民主观念。众所周知，大学生作为青年群体的一部分，思想活跃，爱国热情高，参与国家政治生活的愿望强烈，向往民主。这种热情和愿望，如果引导到社会主义法制的轨道上，就会成为推进民主政治建设的一种积极因素。相反，如果缺乏正确的民主意识和清晰而牢固的法制观念，不懂得参与民主政治必须依照法律的规定和法定的途径，分不清社会主义民主同极端民主化和无政府主义的界限，就容易给社会带来动乱和危害，而且也违背了大学生的良好愿望。通过法制教育，可以使大学生学习到法律基本知识，增强法律意识，形成正确的民主意识和牢固的法制观念，从而通过正确的途径和方法表现自己的爱国热情，实现自己的政治愿望。

其次，高校思想政治教育要致力于培养大学生的法制精神。我国的社会主义法律是根据国家的经济、政治和社会各方面的需要，依据经济运行规律和社会历史发展规律制定的，是保证社会稳定和社会发展的重要武器。法律作为广大人民群众管理国家、建设国家的重要武器，为大学生投身社会实践，行使主人翁权利，提供了可靠的法律保障。它指导和规范着人们的社会行为及其方向，它明确地赋予人们所享有的权利和应当承担的义务，保护着青年大学生所享有的种种权利。它为青年大学生的成长开辟了广阔的天地，保护着他们健康成长。谁要是侵犯了青年大学生所应享有的权利和利益，大学生可以拿起法律武器，依靠法律的保护而重新获得这些权利和利益。另一方面，大学生也要遵守国家的法律与制度，做知法守法的公民。必须要让大学生清醒地认识到，只有维护国家法律的尊严，才能赢得自己的尊严，才能在社会上正常发展。大学生作为有知识的群体，是国家未来的栋梁，他们是否具有法制精神，很大程度上影响着中国特色社会主义的法制进程。加强对当代大学生的法制教育，是高校思想政治教育的重要任务。

最后，需要指出的是，社会主义民主政治并不是依靠行政命令就能推行的，最终还要取决于人们民主意识、法制意识和政治素质的提高。只有提高人们的民主意识、法制意识和政治素质，他们才能够有序、有效地参与社会主义政治生活。

当前，高校思想政治教育对大学生的政治素质教育相对突出，对他们的民主法制教育相对不足，这与社会主义政治文明进一步发展的需要是不适应的。在今后几十年，社会主义政治文明将会取得更大的发展。在这一过程中，高校思想政治教育应发挥强大的政治引导功能，强化对大学生的民主与法制教育，提高大学生的民主意识和法制意识，使之无论是在校期间，还是毕业以后，都能够有序、有效地参与社会主义政治事务。

三、认识形式与政策

形势与政策教育是我国高校思想政治教育的重要内容和重要形式，无论是从帮助大学生正确认识国内外形势，掌握党和国家的路线、方针和政策，从培养学生正确运用马克思主义的思想观点分析问题、解决问题等方面，还是从开阔学生视野，拓宽学生知识面，弘扬科学精神等方面，形势与政策教育都显示了其独有的作用与地位。其受重视程度也随着时间的推移、形势的变化而不断得到提升：从提出形势与政策教育应当列入教学计划，到决定在高校思想政治教育课程中设置形势与政策课程；从把形势与政策课程的管理纳入思想品德课的课程管理体系、列入大学教育全过程、规定保证平均每周不少于一个学时、实行学年考核制度、成绩列入学生成绩册，到对高等学校学生形势与政策教育的地位、作用、做法等提出了更加明确、更加系统、更加规范的意见，我们不难看出党和国家对加强高等学校学生形势与政策教育的重视程度。

高校开展形势与政策教育，应坚持以马克思列宁主义、毛泽东思想、邓小平理论、"三个代表"重要思想和科学发展观为指导，深入贯彻党的十七大精神，全面落实党的教育方针，紧密结合全面建设小康社会的实际，以理想信念教育为核心，以爱国主义教育为重点，以思想道德建设为基础，以大学生全面发展为目标，解放思想、实事求是、与时俱进，坚持以人为本，贴近实际、贴近生活、贴近学生。马克思列宁主义、毛泽东思想和邓小平理论教育是使大学生形成科学的政治意识的理论准备，也是开展形势政策教育的基础和前提条件。要把握好马克思主义在形势政策教育中的指导地位。当前，要特别重视用科学发展观推进形势政策教育。科学发展观是与时俱进的马克思主义发展观，同毛泽东、邓小平和江泽民同志关于发展的重要思想一脉相承。科学发展观是用来指导发展的，是紧紧围绕发展这个主题的。坚持以人为本，全面、协调、可持续的发展观，是中国共产党以邓小平理论和"三个代表"重要思想为指导，从21世纪新阶段党和国家事业发展全局出发提出的重大战略思想。把形势政策教育引进高校思想政治课堂，其本身就是科学发展观的体现，形势政策教育要在加强实效性的基础上发展，就必须重视科学发展观的推动作用。

在形势与政策教育方面，高校要着重进行改革开放和现代化建设成就教育。改革开放以来，我们党带领全国各族人民，高举中国特色社会主义伟大旗帜，战胜各种困难和风险，开创了改革开放和现代化建设的新局面，深刻地改变了中国的面貌。我国经济实力显著增强、市场经济体制逐步完善、人民的生活水平大幅度提升、民主法制建设不断发展、文化更加繁荣、社会更加和谐、国防和军队更加强大、国际地位日益提高、党的自身建设稳步深入。中国的发展不仅使中国人民稳步地走上了富裕安康的广阔道路，而且为世界经济发展和人类文明进步做出了重大贡献。当代大学生出生成长在改革开放的年代，通过形势与政策教育，不仅要使他们充分认识我国发展的成就和大好形势，进一步树立民族自信心和自豪感；更要使他们深刻懂得，改革开放以来我们取得一切成绩和进步的根本原因，归结起来就是：开辟了中国特色社会主义道路，形成了中国特色社会主义理论体系，从而坚定在中国共产党领导下走中国特色社会主义道路的信心和决心。

毛泽东曾经指出，政策和策略是党的生命。我国的政治经济形势在主流上是健康向上的，但是我们从事的是前无古人的事业，没有现成的经验可供借鉴，我们在国内外还面临着这样或那样的困难，这注定了我们前进的道路不可能是平坦的。因此，必须对广大学生进行形势政策教育，使他们能够正确地看待当前的形势，看到形势的主流和健康的发展趋势。更为重要的是，我们党根据当前形势所采取的政策和措施，需要通过教育和学习的途径，为广大知识青年所掌握，以增强他们社会主义事业必胜的信心。因此，形势与政策教育作为高校学生高校思想政治教育的重要内容，作为高校思想政治理论课的重要组成部分，在高校思想政治教育中担负着重要使命，具有不可替代的重要作用。加强对大学生的形势与政策教育，是高校思想政治教育的重要内涵。

四、高校日常事务的思想政治教育

高校的思想政治教育是一项长期的工作，不可有丝毫的松懈。为此，高校的思想政治教育必须做宽、做细、做深、做久，使之变成大学生日常生活的一部分；必须时刻关注大学生日常学习与生活中出现的每一个实际问题，力争将高校思想政治教育与大学生的学习与生活紧密结合起来，使高校思想政治教育无处不在、无时不有，这就是高校思想政治教育的生活化。注重日常生活中的思想政治教育，是高校思想政治教育的重要内涵。

大学生的日常生活是丰富多彩的，高校的日常事务是纷繁复杂的。做好高校日常事务中的高校思想政治教育，需要从多个层面入手。首先，课堂教学是高校基本的实践活动。要充分发挥思想政治理论课在高校思想政治教育中的主渠道作用，同时要充分发挥哲学社会科学课在培养大学生的人文精神中的作用，充分发挥各类自然科学课程在培养大学生的科学精神中的作用。其次，学生日常事务管理是高校正常运行的重要环节。要在学生日常事务管理中渗透思想政治教育，实现管理与教育相结合，需要加强制度建设。制度化是任何工作走向正规化、科学化的必经之路。高校日常思想政治教育制度化，既包括日常管理工作制度化，也包括专职队伍建设的制度化。第三，丰富多彩的校园文化是大学生日常生活的重要组成部分。加强校园文化建设，才能为大学生的成才创造良好环境。校园文化建设首要的是加强校风、教风和学风建设，重点在于培育民族精神和大学精神，形成有自己学校特色的教风和学风。高校要通过开展丰富多彩的活动，寓教于乐、寓学于乐，以喜闻乐见的方式把高校思想政治教育融入大学生的学习和生活之中。最后，网络已经融入大学生的生活，它以信息量大且杂等特点深刻地影响着大学生的生活方式和思维方式。为此，要切实加强校园网络建设，重点建设好集思想性、知识性、趣味性、服务性于一体的主网站，建立一支思想水平高、业务能力强、熟悉学生特点的网络高校思想政治教育工作队伍和网上评论员队伍。高校的网络工作者要密切关注校园网的动态，留意学生关心的话题，并注意加强正确的引导，牢牢掌握网上高校思想政治教育的主动权，使网络成为高校思想政治教育工作的重要领地。

第二章 思想政治教育的现状分析

第一节 加强和改进高校思想政治教育工作的重要意义

高校思想政治教育是阶级社会出现以来就存在的一项重要工作，是一定的阶级或政治集团为实现一定的政治目的，有计划地对人们施加意识形态的影响，以期转变人们的思想、观念和心理，塑造人们的政治立场、情感、价值和理想，并提升人们的道德境界，进而指导人们行为的社会实践活动。就当代中国的高校思想政治教育工作来说，思想政治教育工作的任务十分广泛，包括理想信念教育、爱国主义教育、公民道德教育、健康心理教育、人文素质教育等内容，是一个综合的培育人、塑造人、转化人的伟大工程。高校思想政治教育工作也是高校党建工作的中心内容之一。

一、重视高校思想政治教育工作是无产阶级政党的优良传统

（一）重视高校思想政治教育工作是无产阶级领袖们的一贯思想

人类进入阶级社会以后，高校思想政治教育就客观地存在着。马克思指出："统治阶级的思想在每一时代都是占统治地位的思想。这就是说，一个阶级是社会上占统治地位的物质力量，同时也是社会上占统治地位的精神力量。支配着物质生产资料的阶级，同时也支配着精神生产资料，因此，那些没有精神生产资料的人的思想，一般的是隶属于这个阶级的。"所以，任何阶级社会的思想教育，就其实质来讲都是高校思想政治教育，只是在不同的社会形态中，思想政治教育代表不同的阶级利益。马克思创造了无产阶级解放的理论，无产阶级高校思想政治教育的理论是马克思主义理论的重要组成部分。

无产阶级的高校思想政治教育作为一门科学，是由马克思和恩格斯创立的，马克思和恩格斯创立马克思主义哲学、政治经济学、科学社会主义学说，为无产阶级政党的发展提供了坚实的理论基础，同时也对无产阶级政党的思想政治教育理论一系列原则做了科学的论述。马克思和恩格斯创立的辩证唯物主义和历史唯物主义世界观，是无产阶级认识自然、认识社会、认识人类自身的伟大理论武器，是无产阶级和被压迫人民求得解放，实现共产主义理想社会的武器。马克思在《〈黑格尔法哲学批判〉导言》中说："批判的武器当然不能代替武器的批判，物质力量只能用物质力量来摧毁；但是理论一经掌握群众，也会变成物质力量。理论只要说服人，就能掌握群众；而理论只要彻底，就能说服人。""理论在一个国家实现的程度，总是决定于理论满足这个国家的需要的程度。"在这里马克思充分肯定了理论的伟大作用，自然也肯定了理论起作用的中介——高校思想政治教育的作用，没有后者，理论无法掌握群众。

高校思想政治教育这个概念是在实践中约定俗成的，它的提出和演变有一个历史过程。1847年，马克思和恩格斯创立第一个无产阶级政党——共产主义同盟时，就在章程中提出了"宣传工作"这一概念。思想政治工作是指一定的阶级、政党、团体为实现自己的纲领和根本任务而进行的活动，如阶级斗争、政权建设、党的思想和组织建设等。具体地说，组织工作、干部工作、统战工作、纪检工作等，都属于政治工作的范畴。思想工作则是指一定的阶级、政党、团体帮助人们树立与社会发展要求一致的思想，改变偏离社会发展要求的思想所进行的活动。其目的是使人们的思想更符合客观实际，以便更好地改造客观世界和无产阶级自身。思想工作既包括政治性的思想工作，又包括非政治性的思想工作。

早在1859年，恩格斯就指出："我们党有个很大的优点，就是有一个新的科学的观点作为理论的基础。"即唯物主义历史观是无产阶级政党的理论基础和科学世界观。他们所创立的科学世界观及科学阐释的社会意识、对社会存在的反映与反作用的理论、人的本质及人的全面发展的理论、思想与物质利益相统一的原理，既揭示了人类历史发展的规律，提出了无产阶级的历史使命，同时也为高校思想政治教育科学奠定了坚实的理论基础。马克思和恩格斯还一致认为，无产阶级所需要的科学的革命理论——科学社会主义和无产阶级意识，不可能从工人运动中自发产生，只能由无产阶级政党从外部进行灌输。1847年，马克思和恩格斯在他们起草的《共产主义者同盟章程》中明确提出，参加同盟的每一个成员，都要"具有革命毅力并努力进行宣传工作"。这里的"宣传工作"实质上就是党的思想教育工作。马克思和恩格斯不仅提出了"宣传工作"这一概念，而且在以后很多论著中反复论述了共产党人从事宣传工作的重要性、任务、内容及组织形式等。1864年，马克思在《国际工人协会成立宣言》中指出："工人们所具备的一个成功因素就是人数众多；但是只有当群众组织起来并为知识所指导时，人数众多才能起决定胜负的作用。"这里，把"群众组织起来"并用"知识"作指导，主要是指要用科学社会主义思想对工人群众进行宣传教育，最终才能使他们真正明确自己的历史责任，完成自己的历史使命。马克思和恩格斯不仅创立了科学理论，为高校思想政治教育奠定了理论基础，而且积极投身群众，不遗余力地为无产阶级的光辉事业开展宣传发动工作，积累了宝贵的经验，为党的高校思想政治教育工作奠定了坚实的理论和实践基础。

列宁领导俄国无产阶级进行了十月社会主义革命，建立了世界上第一个社会主义国家。在这个过程中，列宁结合俄国国情在新的历史条件下全面发展了马克思主义，也丰富和发展了马克思和恩格斯的高校思想政治教育的科学理论。列宁反复强调马克思主义理论及其教育的重要性："没有革命的理论，就不可能有被压迫阶级的即历史上最革命的阶级的世界上最伟大的解放运动"；"没有革命的理论，就不会有坚强的社会党，因为革命理论能使一切社会党人团结起来，他们从革命理论中能取得一切信念，他们能运用革命理论确定斗争方法和活动方式"；"只有以先进理论为指南的党，才能实现先进战士的作用"。共产党是对工人阶级及其广大群众进行高校思想政治教育的主体，因此，它只有用马克思主义理论武装起来，才能成为工人阶级的先锋战士，并担负起教育广大群众的责任。所以，革命理论对无产阶级革命和共产主义的伟大事业具有无比重要的作用。列宁还基于马克思和恩格斯的"科学理论不会在工人运动中自发产生"的理论提出了"灌输"理论。作为无产阶级政党，应该"把社会主义思想和政治自觉性灌输到无产阶级群众中去，组织一个和自发工人运动有紧密联系的革命政党"。列宁还明确提出了"政治教育""政治教育工作"等概念，并指出了政治教育工作者的基本任务和政治教育的目的；指出了高校思想政治教育的长期性，并提出了一整套行之有效的高校思想政治教育的原则和方法；创立了党、政、军的高校思想政治教育工作管理机构，形成了一整套高校思想政治教育工作和宣传管理工作体系。总之，列宁对无产阶级高校思想政治教育在理论和实践上的贡献，标志着马克思主义高校思想政治教育达到了一个新的阶段。

列宁逝世后，斯大林继承了重视高校思想政治教育工作的传统，在社会主义革命和社会主义建设中，进一步阐述和发展了党的高校思想政治教育理论。他提出了"政治工作""思想工作""政治教育""政治思想工作"等科学概念，并且较系统地阐述了思想政治工作的基本内容，以及与经济工作等的辩证关系，反复强调用社会主义精神、共产主义精神教育工人、农民和知识分子，反复强调党必须要用马克思列宁主义理论武装起来。他曾指出：在国家工作和党的工作的任何一个部门中，工作人员的政治水平和马克思列宁主义觉悟程度与工作效率和成效成正比。

马克思、恩格斯、列宁等伟大的无产阶级领袖们在高校思想政治教育理论创立和实践的过程中不断探索，为无产阶级高校思想政治教育的发展做出了不可磨灭的贡献。各国无产阶级政党和他们的领袖根据时代形势和各国国情对其继承创新，使马克思主义高校思想政治教育得以进一步发展。中国共产党在革命、建设和改革的过程中一直重视高校思想政治教育工作，中华人民共和国成立后对高校思想政治教育十分重视，并形成中国共产党治理国家的传统，被称为生命线。

（二）重视高校思想政治教育工作是中国共产党的一贯传统

高度重视高校思想政治教育，充分发挥高校思想政治教育强有力的作用，是我们党的一大传统、一大优势、一条重要的历史经验。

在中国这样一个半殖民地半封建的落后农业国，要建立先进的无产阶级政党，没有先进的理论武装是不可想象的。中国也是一个农村人口居多的大国，革命的主力必然是农民。如何将小农生产者改造成坚强的革命者，是中国共产党的核心任务之一。事实上，中国共产党正是在科学的马克思列宁主义的指导下建立起来的。在曲折的革命过程中，中国共产党不断将马克思主义基本原理与中国革命的实际相结合，形成了中国的马克思主义理论——毛泽东思想，进而不断用科学的马列主义、毛泽东思想教育党员，启蒙民众：确保了革命队伍的先进性，最终赢得了新民主主义革命的胜利，用不到30年的时间实现了中华民族的独立和中国社会的统一。中国共产党一成立，就通过办夜校、下工厂，对工人进行高校思想政治教育；在国民革命运动和土地革命战争时期，十分注意用科学的理论教育农民，提高他们的革命觉悟和自身的权利意识；继承列宁主义的传统，用先进的理论教育军队，由此中国产生了不同于旧军阀的新式工农武装，在军备处于劣势的情况下，不断推进革命运动的发展，直至取得革命的胜利。中国共产党更重视对党员和干部的思想教育，在中国共产党的历史上，整党运动从未间断，成功的典范就是20世纪40年代的延安整风。1934年2月，红军第一次全军政治工作会议提出"政治工作是红军的生命线"的重要论断。毛泽东还提出："掌握高校思想政治教育是我们的第一项业务。"中华人民共和国成立后，尤其是社会主义改造完成后，中国共产党更加重视高校思想政治教育工作，大力进行马克思主义理论教育和社会主义教育。1958年，毛泽东在《工作方法六十条（草案）》中又提出思想工作和政治工作，是完成经济工作和技术工作的保证，它们是为经济基础服务的。思想和政治又是统帅，是灵魂。"进一步阐明了思想政治工作的生命线意义。

二、加强和改进高校思想政治教育工作是社会主义现代化建设的迫切需要

（一）加强和改进高校思想政治教育工作是大学生自身健康成长的内在需要

高校思想政治教育工作存在的理由从根本上讲来自人和社会发展的需要，是个人健康成长和社会顺利发展必不可少的工具。

人类的本质属性一般由生物性、社会性、精神性三个基本维度来界定。人首先是生物性的存在，在这方面，和其他生物有更多的相似性，这种生物性的存在需要物质能量的供应，这主要涉及人与自然的关系，为此人类要从事物质生产活动，需要不断发展科学技术，提高自身的工作效率，尽量从自然中获取更多的物质能量来支撑人类自身的生存和发展；同时生物性的人也具有一般动物的不少特性，往往追求自身生理本能需要的最大化。但每个人能力的有限性使人类必须社会性地生存。就单独的个人来讲，具有自身难以克服的局限性，其改造自然获取能量的能力有限，必须结合成群体才能更好地生存；同时，在一定时空下，物质资源的稀缺性往往与人类需要的丰富性产生冲突，从而就产生了个体需要与群体需要之间的矛盾。如何处理好个人与他人、个人与社会、个人与民族或国家的关系，内在地要求每个人在成长过程中必须时时面对这一问题，这既关乎利益的分配问题（严格来说属于政治问题范畴），也关乎伦理道德的修养问题，能否正确把握群己关系的知识，决定一个人能否健康顺利地成长。然而历史上积累的人生知识、科学技术和种种智慧等，不能够通过生理遗传而获得，只能通过后天的学习和实践活动获得。这就内在决定了思想政治教育工作存在的合理性。

另外，人和一般动物根本不同之处还在于人类的精神性存在，具有高智商的人不会满足于填饱肚子，还一直寻求生活的意义。每个人都需要有理想和信仰，追求自尊和自由，渴望独立。然而，理想和信仰的建立和实现，自尊、独立与自由的获得，取决于众多的条件，本身也是一个理论创新的过程，符合人类社会发展规律的理论体系是通过艰辛的理论创新过程形成的，同时也必须通过社会化的过程，内化为社会每个成员的自觉追求，这自然也离不开思想政治教育工作。

从以上说明来看，一个人的健康成长，绝不是一件容易的事。每个人必须通过后天的学习掌握自然科学知识，更需要通过后天的教育获得做人的基本道理，能够恰当地处理个人与社会的关系，同时明白人生的意义，只有这样才能不断地提高自己的素质，做出创新性的成就，充实而幸福地度过自己的一生。

高等院校是培养人才的大本营，是青年成才的摇篮。青年大学生朝气蓬勃，有了初步的世界观、人生观，对许多问题也有了自己的见解，但离成为社会主义

建设的优秀栋梁之材还有很大的距离，对许多问题的分析还缺乏深刻的洞悉能力，正确的世界观、人生观、历史观还有待进一步体悟。

处于青春期的大学生，自尊心强，好胜心强，也具有摆脱权威、追求独立的一面，这些都是青年人的优点，是青年大学生追求上进、敢于创新的基础。但青年大学生也有许多自身的局限，长期在封闭的校园中成长，对社会了解较少，没有生活挫折的历练，对人生应该具备的相关知识了解不多，体悟不深，需要更为系统深入的世界观、人生观教育，将人之所以为人的本质要求化为自己内在的要求。

青年大学生不乏爱国热情，但由于对人类社会发展的规律了解不深，对社会主义建设的规律知之甚少，因此，一旦个人遭遇不幸，或者看到社会发展中的不公平及腐败等弊端，往往不能够理性地分析，从而产生理想动摇、心情郁闷，进而心中充满迷茫的现象。如果长期不能解决思想问题，学生轻则厌学，重则出现心理障碍甚至堕落，以致不能成长为栋梁之才，反而成为社会的反对力量。

所以，针对青年大学生的实际状况，加强高校思想政治教育工作，是大学生顺利成才的重要一环，不可缺少。未来的社会需要越来越多的全面发展的高素质的人才，公平竞争意识、团队合作精神、民主法治精神、百折不挠的意志等，成为21世纪青年大学生走向成功的必备素质。高校一定要改变过分重视专业学习，而忽视理想教育、政治教育、道德教育、心理教育的不良现象，为学生成为合格的社会主义建设者奠定坚实的基础。

另外，高校思想政治教育的对象不仅仅是大学生，也包括高校的领导、教师等各类人群，加强高校思想政治教育工作是确保中国高等院校健康发展的保证。高校担负着特殊任务和责任，要求学校领导班子必须按照社会主义政治家、教育家的要求，做到理论清醒，政治坚定，能够驾驭和把握学校改革发展与稳定大局，能够坚持社会主义办学方向，全面贯彻党的教育方针，培养德智体美全面发展的社会主义建设者和接班人。中共中央、国务院《关于进一步加强和改进大学生高校思想政治教育的意见》，明确把培养什么人、如何培养人作为高校工作的根本任务，这就要求我们站在全局和战略的高度，充分认识高校在加强党的执政能力建设中所肩负的重要使命，努力探讨新形势下教育发展的新规律，牢牢掌握社会主义人才培养工作的主导权，在市场经济条件下，确保高校是切实为人民服务的学校，是贯彻科学发展观的楷模，是构建和谐社会的重镇，为全面建设小康社会做出自己最大的贡献。

（二）加强和改进高校思想政治教育工作是当前关系党和国家工作全局的战略任务

全面建设小康社会是当前党和国家全面的战略任务，为此中国共产党提出了坚持科学发展观和构建和谐社会的重大战略思想。这两个战略思想的提出标志着中国特色社会主义建设进入一个新的阶段。要实现以上战略任务并不是一件容易的事，加强和改进高校思想政治教育工作是实现这些战略任务的不可缺少的一环。

加强高校思想政治教育的重要性首先来自高等学校在全面建设小康社会中的不可替代的根本作用。社会发展的主体是人，离开人这一生产力中最活跃、最革命的因素，发展也就无从谈起。没有人的全面发展，就不可能有社会的全面发展。世界各国及中国社会主义建设和改革的实践都证明了这样一个道理：国家建设最根本的条件在人才，没有合格的大量人才，一切建设都会沦为空话，科教兴国是必由之路。正因为如此，改革开放以来，我们党在高度关注经济建设的同时，更高度关注人的发展，关注人的思想道德。

在中国这样一个相对落后的农业大国，全面建成小康社会任重而道远，需要广大青年具有较高的马克思主义理论素养，具有坚定的社会主义信念，具有强烈的爱国主义情怀，具有高尚的道德品格和健全的身心。只有这样，青年学生才能具有无限的动力刻苦学习，全身心地投入社会主义现代化建设的主战场。改革开放三十年来，中国社会主义现代化建设取得了举世瞩目的巨大成就，但也面临着不少发展问题，并不同程度上影响着大学生的思想状况。城乡之间、东西部地区之间存在严重的不平衡发展问题，贫富收入差距有扩大之势，经济发展过程中资源紧张、环境破坏严重，涉及民生的社会建设不到位，"三农"问题严重等，都成为全国建设小康社会过程必须严肃面对的问题，也影响到高校大学生的思想状况。来自不同地区的大学生由于家庭条件不同而日益分化，面临社会出现的腐败和不公而难以理解，影响到学生对改革大业的正确认识，影响到学生的学习热情甚至日常生活的心理。20年之后他们将在实现现代化、中华民族复兴伟业中担当主力军。他们是否能够认识到国家所处的严峻的国际国内形势，是否有能力理解和分析国内外各种矛盾，能否把中国特色社会主义这面旗帜扛下去，能否全面、成功推进中国的改革开放，能否为所要实现的物质文明、政治文明、精神文明和生态文明的目标而努力工作、艰苦奋斗，他们的思想道德素质、科学文化素养和身心素质如何，直接关系到人才强国战略的落实，关系到党和国家的生死存亡。青年的命运决定党和国家的命运。

青年大学生精神需求的满足和精神生活质量的不断提升，思想道德素质、科学文化素质和健康素质的不断提高，维护、享受自己政治、经济、文化权利能力的不断增强，进而实现自己的全面发展，都离不开科学有效的思想政治教育。高校思想政治教育工作和德育工作的根本任务，就是用建设中国特色社会主义理论武装学生头脑，用爱国主义、集体主义、社会主义的精神，培养大学生具有民族自豪感、时代使命感和奋斗紧迫感。思想政治工作是我们党的政治优势，如果舍弃了信仰、信念和人生观、价值观教育，放弃了思想政治工作，就会失去党对青年大学生的感召力，青年大学生的成长就会失去方向，党和国家的发展就会受到影响。在这个问题上我们不能有丝毫动摇。任何怀疑、削弱高校思想政治工作的观点和做法都是错误的、有害的。只有切实加强和改进大学生高校思想政治教育工作，培养造就千千万万具有高尚思想品质和良好道德修养、掌握现代化建设需要的丰富知识和扎实本领的优秀人才，使大学生能够与时代同步伐、与祖国共命运、与人民共奋斗，才能确保党和人民的事业代代相传、国家长治久安。毋庸置疑，加强和改进高校思想政治教育工作，是一项关系党和国家工作全局的战略任务。

总之，加强高校思想政治教育，以宣传马克思主义中国化的最新成果——中国特色社会主义理论体系为核心，使之进课堂、进头脑，是解决青年大学生思想问题的根本，是青年大学生成为国家栋梁之材的必需。高校思想政治教育起着凝聚人心、社会动员的基本功能，关系着全面建设小康社会的全局，全社会必须在思想上给予高度重视，在人力和物力上给予保障，确保社会主义现代化建设的生力军——青年大学生健康成长。

（三）加强和改进高校思想政治教育工作是应对现实严峻挑战的迫切需要

虽然党和政府一直重视高校思想政治教育工作，但高校思想政治教育工作不是一劳永逸的事情。当代世界不断发生变化，中国社会也发生着巨变，从而给高校思想政治教育提出了新挑战，迫切需要我们进一步加强和改进高校思想政治教育工作，适应新形势，克服新困难，取得新成就。

全球化进程加快也给高校思想政治教育提出了新课题。"全球化"是一个内涵十分丰富的概念，主要是指经济发展的世界一体化进程，具体讲就是阻碍生产的要素在各国、各地区之间不断减少，壁垒已经削弱并且还会继续削弱，各国联系越来越紧密，相互依赖程度越来越高，日益融为一体。我国经济近年来获得飞速的发展，与经济全球化有直接关系，但伴随经济全球化进程的加快，世界各国的人员交流、文化交流也呈不断加强之势。全球化冲击着我国的主流意识形态，使意识形态斗争复杂化。一是西方生活方式、意识形态、价值观念等，对我国意识形态、价值观念产生冲击。二是全球化使我国对外开放进一步扩大，决定了我国社会主义现代化建设过程中必然伴随着各种社会思潮的产生和涌入，加剧了青年学生思想观念的混乱，思想观念、政治态度和价值取向呈现多样化趋势。三是全球化在一定程度上消减着爱国主义和民族主义精神。所有这些，导致一些高校学生对社会主义和共产主义信仰的动摇，使社会主义核心价值理念受到削弱。全球化是资本主义市场经济的全球性扩展，是在全球范围内的资源有效配置，具有不可阻挡的趋势。培养学生具有全球视野，是新形势下高校思想政治教育的内容之一，同时，也必须教育学生摆脱一些认识误区。对青年大学生的教育，既要使他们能够理解国家参与经济全球化过程中面临的种种情况，又要使之能够深刻理解世界经济和政治格局变化性质及其趋势，能够冷静应对这一变化过程中可能出现的各种复杂的局面。全球化不是西化，不是消灭国家和民族，也不是一切走向"趋同"。作为中国发展生力军的青年大学生，不仅要具有现代科学技术、世界政治、经济和管理等方面的知识和素质，更要具有维护国家主权、国家利益和国家安全的政治素质，以及爱国主义、集体主义和社会主义的思想素质。所以，如何把爱国主义、集体主义和社会主义教育提升到提高人的素质教育的中心地位，成为高校思想政治教育工作的重要任务之一。

改革开放三十年，中国的综合国力已经位于世界前列，这是一些霸权国家不愿意看到的，中国"威胁论"此起彼伏，他们还不择手段妄图扼制中国的发展。

国际敌对势力对我国"西化""分化"的图谋由来已久，且从未放松，企图使中国的社会主义事业在不久的将来改旗易帜。他们以民族、宗教、民主、人权等问题为掩护，利用我国全面开放的机会，通过文化资源、技术资源、经济物质优势等手段和途径，兜售他们的价值观念，有意识地传播腐朽没落的思想意识、行为习惯和生活方式，甚至不惜歪曲和捏造事实，加紧对我国下一代进行思想文化渗透与腐蚀。当前信息技术迅猛发展、社会信息化程度不断提高，世界范围内不同文化互相激荡的情势也使大学生成长的文化环境更加复杂，大学生面临着大量西方文化思潮和价值观念的冲击，外来的和本土的、进步的和落后的、积极的和颓废的思想文化纷至沓来，互相之间既有吸纳又有排斥，既有融合又有斗争，既有渗透又有抵触，引起了大学生思想信息接受方式和内涵发生深刻变化。如何使大学生明辨是非，学会用马克思主义的立场和方法去分析、吸收、批判众多的信息，就成为高校思想政治教育必须解决的问题。

对此，我党在历史上有着深刻惨痛的历史教训。改革开放初期，由于国际国内错综复杂的原因，一度精神污染严重，资产阶级自由化思潮泛滥，思想政治工作在一片"改造"声中被软化、淡化，以致酿成了1989年春夏之交那场政治风波。对此，邓小平同志一再指出："我们最大的失误是在教育方面，思想政治工作薄弱了，教育发展不够。""十年最大的失误是教育，这里我主要是讲高校思想政治教育。"邓小平强调要在坚定不移地实行对外开放政策的同时，"保持清醒的头脑，坚决抵制外来腐朽思想的侵蚀，决不允许资产阶级生活方式在我国泛滥"。堡垒是最容易从内部攻破的，物腐虫生，心变人变。当前高校思想政治工作的一项紧迫任务，就是加强理想信念教育，引导青年大学生在头脑中筑起拒腐防变的思想长城。

互联网的迅猛发展给高校思想政治教育带来了前所未有的挑战。一方面，网络信息具有传播速度快、影响范围广、渗透作用大等特点；另一方面，网络信息又是一把"双刃剑"，在带来现代文明的同时，也可能对涉世未深的大学生造成误导。主动占领校园网络文论阵地，牢牢把握网络高校思想政治教育的主动权，是当前大学生高校思想政治教育面临的新问题。

第二节 高校思想政治教育的历史演进

高校思想政治教育有着悠久的历史，在各个历史时期创造和积累了许多宝贵的经验和优良的传统，也出现过一些失误和教训。历史的经验值得总结。科学地考察和总结高校思想政治教育的历史经验，对于加深对高校思想政治教育客观规律的认识，改善党对高校思想政治教育的领导，改进新时期的高校思想政治教育，都具有重要的借鉴和指导意义。

我们党历来把高校思想政治教育放在特别重要的地位，作为"一切工作的生命线"。重视高校思想政治教育是我党的光荣传统，也是我国高等教育的一大特色。建党以来，高校思想政治教育经历了三个大的历史阶段，即从建党到中华人民共和国成立近三十年（即新民主主义革命时期）、从中华人民共和国成立到改革开放前夕三十年、改革开放至今三十年三个阶段。本章将在回顾建党以来高校思想政治教育历史发展的基础上，尽可能地总结党在高校的思想政治教育经验与教训，尤其是改革开放以来的经验与教训。

一、新民主主义革命时期的高校思想政治教育

从建党到中华人民共和国成立，将近三十年的时间里，中国处于革命和战争年代，中国共产党还没有取得全国政权，中心任务是新民主主义革命。但是，中国共产党高瞻远瞩，从建党之初就把教育青年摆在一个非常重要的位置，

对青年学生的高校思想政治教育在两条战线和两个战场上进行，即在根据地创办的新型大学中和国统区的大学中对青年学生进行卓有成效的高校思想政治教育，为党的事业培养和锻炼了大批党政军干部，为中华人民共和国的建立做出了重要贡献。

（一）第一次国内革命战争时期的高校思想政治教育

建党伊始，党对高校学生的高校思想政治教育经历了从无到有的过程。第一次国内革命战争时期，党在高校的思想政治教育，主要是在高校师生中宣传马克

思主义和党的革命主张。党借助第一次国共合作的有利时机，在上海大学和黄埔军校等学校开展高校思想政治教育，培养了一批革命先驱者。

以马克思主义为指导的高校思想政治教育，萌芽于五四运动前后，与马克思主义在中国的传播几乎是同步的。20世纪20年代，以李大钊为代表的革命先驱者意识到要向青年学生宣传先进的马克思主义，推动反帝、反封建、反军阀的斗争，并在北京大学组织了"马克思学说研究会"。之后，各地的许多高校纷纷出版了介绍马克思主义的期刊。一时间，大批进步学生积极开展了宣传和研究马克思主义的活动。经过五四爱国运动的洗礼，中国共产党、中国共产主义青年团、全国学联相继建立，一股自觉地接受马克思主义教育的热潮形成了，许多学生先后在思想上迅速完成了向马克思主义的转变，成为中国早期的马克思主义者。

在传播马克思主义的过程中，青年学生经历了同胡适的论战、关于社会主义的论战、同无政府主义的论战等三次大论战。在接受马克思主义理论的过程中，党组织学生到工农中去进行调查研究和宣传教育，收到了良好的效果。北京大学及天津、上海、武汉、长沙、济南等地进步学生纷纷成立平民教育团体，深入工厂、农村开展宣传活动。北京、上海、南京等地先后创办了各种工人夜校、工人补习学校等，宣传马克思主义，实行同工农相结合，推动了工农运动的发展。

这一时期，党为了培养革命干部，采取多种形式创办了各种高校，并在这些学校中开展高校思想政治教育。如毛泽东在长沙创办了湖南自修大学，组织学生学习马克思主义，并运用马克思主义研究中国革命的实际问题，同时从事工农革命运动；党在上海创办了上海大学，学生在校内与国民党右派做斗争，在校外与交大、复旦、同济等13所高校学生一起参加了五卅运动，经历了"三一八"惨案、孙中山逝世、上海工人三次武装起义等，在反帝爱国运动中受到了实际的教育；党在国共合作期间在广东创办的黄埔军校中建立了政治部，中共广东区委在校内建立起秘密的党的特别支部，周恩来、恽代英等20多位著名的共产党人担任过政治部、党的秘密支部的负责人和政治教官，通过以共产党员为核心建立学生组织，开展日常性政治训练等工作制度，党加强了对政治工作的领导，为北伐战争培养出大批的优秀军事政治骨干人才。

（二）土地革命战争时期的高校思想政治教育

党在建立革命根据地后，独立创办了新型高校，大力举办各种党、政、军短期培训班性质的大学。如创办了江西苏维埃大学，培养政治、经济、文教干部；创办了中国工农红军大学，培养营、团级以上的军事和政治干部；创办了马克思共产主义学校，主要学习马克思主义原理、党的建设、苏维埃建设、工人运动等。学校不仅有批评与自我批评制度、每周小组会、每周支部会等日常的实际的高校思想政治教育，还坚持理论联系实际的原则，组织学生到前线、到地方去锻炼，成为培养政治干部的高级学校。

在国民党统治区，党组织和领导青年学生投入一系列政治运动。"九一八"事变后，党紧紧抓住青年学生抗日情绪高涨的有利时机，及时进行抗日救亡宣传教育。1935年8月，党中央发表《为抗日救国告全体同胞书》，青年团中央发表了《为抗日救国告全国各校学生和各界青年同胞宣言》，对学生起了极大的鼓舞作用。燕京大学等6所高校学生联合发表宣言，控诉国民党的法西斯统治，表达强烈的抗日愿望。为使青年学生的抗日救国热情持续高涨，党组织从两个方面深入开展高校思想政治教育。一是在思想战线上大力宣传《八一宣言》，写文章与胡适宣扬的"读书救国"论调进行针锋相对的斗争，通过各种进步组织与团体，通过进步教授和党员教授，以学校讲坛、新文化研究会、读书会、时事座谈会等为平台，采取秘密集会、编辑壁报、传阅进步书刊等途径，向学生宣传抗日救国道理，指出救亡图存的道路。二是引导学生投身于抗日救国的社会实践中去，组织学生举行示威游行，经受了"一二·九"运动的洗礼，成立了平津学联，组织南下扩大宣传团结抗日，并返回北平建成了具有广泛群众性的青年组织——中华民族解放先锋队。上海、武汉、南京、广东、济南、徐州等地纷纷仿效，成立了许多青年学生救亡团体，领导青年学生开展抗日救亡工作。这些实践活动有力地推动了全国抗日民族解放运动的开展。

（三）抗日战争时期的高校思想政治教育

抗日战争时期，党在陕甘宁边区创办了十多所高校，最著名的是抗日军政大学，从创立之初就建立了政治工作制度。通过开展高校思想政治教育，教育学员掌握马克思主义，克服资产阶级及小资产阶级的思想意识；教育学员培养纪律性、组织性，摒弃组织上的无政府主义与自由主义；教育学员深入基层实际工作，远离轻视实际的经验倾向；教育学员接近工农，不要有看不起工农的意识。在八年抗战中，党培养了20余万革命干部，为我党我军的建设和中华民族解放事业做出了巨大贡献。

延安根据地的高校都十分注重理论的学习。如培训抗日救国政治工作干部的陕北公学、培养革命艺术干部的鲁迅艺术文学院（简称"鲁艺"）等高校，都结合各校的实际情况，除了与各校的专业课相联系开展高校思想政治教育外，还专门开设了各种理论课，以马列主义的基本原理为基础教育内容，努力与抗战的实践相结合，培养学生具备以马列主义思想分析实践的能力。这些学校还十分注重让学员深入社会实际接受锻炼。如鲁艺经常深入部队、农村进行文艺宣传活动，其中《白毛女》《兄妹开荒》《黄河大合唱》等优秀文艺作品流传至今。

这一时期，高校思想政治教育留下了理论联系实际等优良传统。特别是经过整风运动，各高校的思想政治教育都出现了新局面，创造了许多成功的经验。如在教育内容上注重经常进行形势与任务的教育，强调革命纪律和艰苦奋斗的教育，培养"团结、紧张、严肃、活泼"的校风；在教育方法上，注意发扬教学民主和管理民主，通过组织各种文体活动开展高校思想政治教育；在组织领导上，加强党对高校的领导，中央领导同志经常亲自上课、演讲，在学生中加强党的建设，发展党的组织，发挥党员的先锋模范作用。这些经验呈现出某些规律性，形成了一定格局。

同一时期，大后方高校的思想政治教育虽然处在国民党统治的高压政策下，但是注重宣传党的主张，依靠进步教授，凝聚进步力量，团结广大青年学生，开展多种多样的学术和文体活动，宣传抗日民族统一战线和党的全面抗战路线，提高了学生的政治觉悟和民族意识。如西南联大成立了党领导下的校内最大的进步社团——群社，设立学术、时事、文艺、服务等社团并开展活动，组织文艺社、剧艺社、歌咏队，创办《流火》《布谷》等壁报，成为党领导下开展民主斗争的重要堡垒和进行日常高校思想政治教育的场所。

（四）解放战争时期的高校思想政治教育

解放战争时期，党领导高校思想政治教育的工作中心是号召学生参加和支援解放战争，进行推翻国民党统治的斗争。抗战胜利后至中华人民共和国成立前夕，各大解放区都成立了人民革命大学，如东北军政大学、华北联合大学等。针对当时学生来源广、成分复杂的特点，党继承了苏区和抗日根据地的办学经验和优良传统，切实有效地加强高校思想政治教育。

在新解放区，民主政府接管和改造了一批高校，对学校的高校思想政治教育尤为重视。如西北局指示要派得力干部掌管学校，要遵循新民主主义的教育方针，调整课程和加强高校思想政治教育。东北解放区政府和东北局指示，凡是反动的封建法西斯主义的教材，都必须立即停止使用，要彻底改革内容，一切要按新民主主义教育的方针来办；要加强高校思想政治教育，学生必须学习马列主义、毛泽东思想，并加强国际主义教育。针对当时学生的思想实际和水平，党对高校学生的高校思想政治教育有了新的发展，指示要通过学习教育和生活实践，采取自由辩论、民主讨论、耐心说服等方式进行肃清旧思想残余的教育工作；注重引导学生在实践中展开思想教育，如组织学生参加土地改革运动、民主政治运动等实际革命斗争，以培养和提高青年学生认识客观真理和分辨是非真伪的能力，认识到知识青年只有在党的领导下，与工农结合在一起才有前途。这些都收到了比较显著的效果。

在广大的国统区，党处于地下状态，处境十分艰难，但仍十分重视在学校中开展对青年学生的高校思想政治教育，进行反内战宣传与爱国民主运动。北平学委根据中央局的指示，派遣一批优秀党员进入北大、清华、燕京等高校，健全党、团组织，团结起广大青年学生，加强了北方学生的力量。党善于抓住形势的变化，捕捉时机，运用实例教育学生，揭露国民党的反动腐朽和帝国主义的侵略本性。首先是消除对国民党的幻想，然后进一步要求民主自由，接着是驱赶美军，最后是反饥饿、反内战、反独裁运动。党所领导的以青年学生为先锋的反对国民党独裁、内战、卖国的斗争，以1945年底的"一二·一"运动为发端，以1946年底的抗暴运动为兴起标志，以1947年5月的"反饥饿、反内战、反迫害"运动为形成标志，逐步形成配合人民解放战争军事战场的又一个战场，由毛泽东亲自撰写的新华社评论称赞这一系列斗争为"第二条战线"。

新民主主义时期近30年间，党通过高校思想政治教育哺育了一代建国栋梁，从思想上、干部上为建立中华人民共和国做了准备。在这个过程中初步形成了符合我国青年学生成长规律的高校思想政治教育宝贵的经验和优良的传统，概括起来有如下几个特点：

第一，革命战争年代的高校思想政治教育是整个革命事业有机的组成部分。为推进革命事业的发展，高校思想政治教育的目标是围绕党的总任务，与革命实践紧密结合，培养大批具有正确的政治方向、坚定的阶级立场、严格的组织纪律、不怕牺牲的优秀品质的党政军干部。在教育内容上着重阶级斗争、社会发展规律、群众运动和群众路线及党的方针、政策等教育。高校思想政治教育造就了一批革命的骨干力量，成为新民主主义革命事业胜利不可缺少的重要保证。

第二，参加轰轰烈烈的革命实践和实际斗争是青年知识分子成长的根本途径。在根据地的学校里，党有计划地组织学生参加军事训练、土地改革、抗日宣传、民主运动和生产劳动，到群众中进行宣传组织工作；在国统区，党重视在高校中发动党员和积极分子投入到革命洪流中，通过这些革命实践活动来了解国情，加深对马克思主义和党的方针政策的理解。全国各地青年学生深入社会实践，走与工农相结合的道路，是当时高校思想政治教育的一次成功的尝试，太多思想政治后进生在实际革命斗争中转变成了先进战士。

第三，坚持理论联系实际原则，学习马克思主义，培养青年马克思主义者是主要特点。从建党伊始，马克思主义就成为党对高校学生进行高校思想政治教育的重要内容。用马列主义真理教育、武装青年学生是高校思想政治教育的基本任务。在革命根据地的学校教育中，都把学习马克思主义理论，掌握马克思主义的立场、观点、方法，与形势政策教育、理想与人生观教育，以及组织纪律教育结合起来，使高校思想政治教育充满生命力。在国统区，不仅使学生在反帝、反封建、反国民党反动统治的斗争中提高革命觉悟，而且通过学习马克思主义毛泽东思想，使学生的思想觉悟得到理论上的升华。

二、从中华人民共和国成立到改革开放前夕的高校思想政治教育

中华人民共和国成立揭开了中国教育史的新篇章，高校思想政治教育也开始了新的征程。从中华人民共和国成立到改革开放前夕，高校思想政治教育走过了一条艰难曲折的路程，既有丰富的经验，也有深刻的教训。这些经验与教训对改革开放后的高校思想政治教育都有深刻启示。

（一）社会主义改造时期的高校思想政治教育

在中华人民共和国成立初的7年里，党领导全国人民经历了土地改革、镇压反革命、抗美援朝和"三反""五反"等政治运动，基本完成了社会主义改造，实现了从新民主主义到社会主义的转变。与此相对应，新中国对全国205所高校进行了分阶段的改革，掌握了所有高校的领导权，完成了对旧教育制度的改造，实现了由新民主主义教育向社会主义教育的转变。这一时期高校思想政治教育肩负着改造旧教育、创造新教育的重任，积累了不少宝贵经验，在高校思想政治教育史上占有极为重要的地位，主要表现在以下几个方面：

首先，重视高校思想政治教育，确立了高校思想政治教育在高等教育中的重要地位。1949年9月，中华人民共和国政治协商会议通过的《共同纲领》规定：新中国的文化教育是新民主主义的，即民族的、科学的、大众的文化教育，提出要以肃清封建的、买办的、法西斯主义的思想，发展为人民服务的思想为主要任务。我党改造了旧中国遗留下来的高校旧体制，废除了国民党实行的反动训导制度和限制学生参加政治活动的"入学保证书"制度，取消了"国民党党义"和"军事训练"等反动课程，取缔了国民党、国青团等反动组织，组建了党团组织，成立了学生会、教工会等群众组织。1953年5月，毛泽东亲自主持了政治局会议，专题讨论教育工作，配备充实高校领导骨干，决定抽调宣传教育部门及青年团的干部充实大学领导。党的过渡时期总路线提出后，又把社会主义教育和反对资产阶级思想腐蚀作为高校思想政治教育的任务，遵照毛泽东关于对青年进行"三好"教育的指示，以实现"三好"作为高校思想政治教育的工作方向和学生的努力目标，规定各类高校应该培养新型知识分子，作为国家建设的新型骨干。这样就把高校思想政治教育的重要地位具体体现和落实到各类高校的培养目标上了。

其次，设置马克思主义政治理论课，形成了比较科学的高校思想政治教育的课程体系。党和国家把开设政治理论课看作改造旧大学、建设新大学的重要标志，当作进行经常的系统的高校思想政治教育最基本的形式和根本方法，因而确立了

其在高等教育和高校思想政治教育中的重要地位。最早开设政治理论课的是华北地区各大专院校的文学院、法学院。1950年下半年，教育部召开了"全国高校政治课教学讨论会"，规定了今后全国推行高校思想政治教育的"三个重点""三项规定"和"六项原则"。1952年10月，根据政务院的有关规定，高等教育部发布的有关指示、决定和通知明确地规定，把政治理论课作为"一切专业教育的基础"，和其他各种基础课、专业课一样统一列入各类高校各种专业的教学计划中，在高校开设了"新民主主义论""中国革命史""政治经济学""辩证唯物主义与历史唯物主义"等马列主义公共必修课。经过一段时间的教学实践，教育部根据实际情况对课程设置、学期安排、学时要求、教学方法、成绩评定，以及师资培训、教学组织领导等不断进行总结和调整，初步形成了马列主义政治理论课的较为完整的体系，确立了它在整个高校思想政治教育中的主渠道地位。这是高校思想政治教育的一个重大变革，发挥了巨大的社会功能。

第三，建立政治工作机构，形成了高校思想政治教育体制体系。中华人民共和国成立初期，高校实行校长负责制，校长对学生德育智育体育全面负责。1952年9月，中共中央转发中央教育部党组《关于在高等学校有重点地试行政治工作制度的指示》。该《指示》指出，需在高校建立政治工作制度，设立政治辅导处，并配备政治辅导员。政治辅导处是高校思想政治教育的专门机构，负责实施政治理论教育和思想政治工作。1953年，清华大学率先建立政治辅导员制度，此后全国其他高校也相继设立了政治辅导处，配备了一定数量的政治辅导员。从此，高校的思想政治教育有了专门的组织机构，这一组织形式一直保留到今天，成为高校基层负责学生高校思想政治教育的组织力量。1954年，教育部要求树立教师对学生全面发展负责的思想，把高校思想政治教育与专业知识教学紧密结合起来。1955年3月，全国学校教育工作座谈会指出，要加强党委对学校教育工作的领导和监督，强调学校行政领导和党、团组织对学生的共产主义道德教育和学生的全面发展都负有重大责任。这样，经过几年的建构，各高校对高校思想政治教育进行组织领导的有效方式得到了全面加强，基本上形成了党委统一领导，校长负责，以政治理论课为主体，各级党团组织、广大教师和辅导员分工配合，共同实施高校思想政治教育的工作体系，形成了新中国高校学生高校思想政治教育体制的雏形，为以后的完善和发展奠定了良好的基础。

第四，组织学生参加政治运动，在实践中提高师生的政治素质。中华人民共和国建立初期，我国处于新民主主义向社会主义转变的时期，政治运动频繁。高校思想政治教育适应当时国际国内形势发展的需要，密切配合党的中心任务，发动师生参加政治运动，在实践中接受教育。例如，组织高校师生员工积极参加土地改革、镇压反革命等运动，使学生接受阶级观点教育，提高阶级觉悟和思想认识水平；结合"三反""五反"运动，在高校师生中开展集中的思想改造学习运动，清除了帝国主义、封建主义、官僚资本主义的政治思想影响；在抗美援朝运动中，强化师生反对帝国主义的意识，培养了一代人的爱国主义、国际主义和革命英雄主义精神；开展过渡时期总路线教育和《宪法》学习宣传活动，使学生受到了一次生动、切实的社会主义思想教育；组织师生投入社会主义改造高潮，划清工人阶级与资产阶级的思想界限；开展思想改造运动，提高知识分子的政治觉悟；开展共产主义道德教育活动，抵制资产阶级思想侵蚀。

第五，形成了一些比较有效的教育方法与途径，主要表现在两个方面：一是继承和发扬了党在革命战争年代进行高校思想政治教育的优良传统和政治优势，强调政治学习、批评与自我批评等，通过上党课、听讲座、举办党校培训、开展学马列、学党章学习小组等形式，进行富有成效的高校思想政治教育，培养造就了一大批有理想、有知识的社会主义事业的接班人；二是主要采用灌输式和说服法等显性教育的方法。各高校都花了大量精力组织安排学生的思想政治学习和培训，除了政治课、讲座等形式以外，还广泛利用广播、报纸、宣传栏等媒介，进行直接而明确的高校思想政治教育。这种形式单一的高校思想政治教育方法在当时特定的时期比较容易被接受，基本上适应于时代和社会对高校思想政治教育的要求。

总之，中华人民共和国建立初期高校比较重视坚持德智体全面发展，注重发挥教师教书育人的作用，高校思想政治教育的针对性强，理论联系实际，政工干部作风深入，广大青年学生在历次重大历史事件中都有出色表现，党和政府的号召受到学生的拥护和响应，主流应该得到肯定。但是，在那个时期也出现了一些偏差，如在学习苏联经验中出现了教条主义错误，在号召向科学进军时出现了忽视高校思想政治教育的倾向等。更值得引以为戒的是，那个时期的社会政治生活与学校的高校思想政治教育相混淆。由于高校思想政治教育采用了政治运动的方式，在运动中没有掌握必要的限度，有的时候甚至打乱了学校的教学秩序，伤害了一些知识分子，挫伤了学生学习的积极性。实践证明，高校思想政治教育不应该采取政治运动的方式来进行。

（二）全面社会主义建设时期的高校思想政治教育

1956年至1966年，是我国积极探索自己的发展道路的重要时期。高等教育事业迅速发展，党和政府在总结和研究教育规律、反思高校思想政治教育失误的过程中，对高校思想政治教育中的一些问题进行探索，提出了一系列正确原则、途径和方法，积累了丰富的经验。但是，党在指导思想上出现的"左"的错误，导致高校思想政治教育出现了许多失误和挫折，经历了曲折发展的过程。

1957年2月，毛泽东发表《关于正确处理人民内部矛盾的问题》，提出了正确处理人民内部矛盾的学说，为高校思想政治教育提供了新的理论基础。毛泽东全面阐述了党的教育方针："应该使受教育者在德育、智育、体育几方面都得到发展，成为有社会主义觉悟有文化的劳动者"。针对当时一部分人忽视政治的倾向，他提出要加强思想政治工作，要求知识分子和青年学生除了学习专业之外，"在思想上要有所进步，政治上也要有所进步，这就需要学习马克思主义，学习时事政治。没有正确的政治观点，就等于没有灵魂"。他还指出，对学生的"思想政治工作，各个部门都要负责任。共产党应该管，青年团应该管，政府主管部门应该管，学校的校长教师更应该管"。这些是对中华人民共和国建立以来我国高校思想政治教育的重大发展，奠定了社会主义时期高校思想政治教育的理论基础。但是，1957年的反右派斗争扩大化，把高校思想政治教育作为思想政治战线上社会主义革命的组成部分，使高校思想政治教育偏离了正确方向。

这一时期，党从战略的高度上提出了"又红又专"的培养目标，为广大学生指引了正确的成才方向和人生道路，具有积极意义。在1958年的"教育大革命"中，毛泽东在《工作方法六十条（草案）》中提出了"又红又专"的问题。他说："红与专、政治与业务的关系，是两个对立物的统一。一定要批判不同政治的倾向。一方面要反对空头政治家，另一方面要反对迷失方向的实际家。"但是，对学生"又红又专"的要求后来发展为"红透专深"的过高要求，开展的红专大辩论、向党交心、插红旗、拔白旗等一系列高校思想政治教育活动，内容有很大的片面性，方式偏于简单化。

在各行各业"大跃进"中，全国高等教育也出现了"大跃进"。1958年9月19日，中共中央、国务院发布《关于教育工作的指示》，对党的教育工作的方针做出了基本正确的表述，强调教育为无产阶级服务，教育与生产劳动相结合，培养学生的阶级观点、群众观点、集体观点、劳动观点和辩证唯物主义观点。这些基本符合我国教育的实际。但是在实践中片面强调政治教育和生产劳动，忽视业务教学、理论学习和专家、教师的作用，违背了教育规律，造成了教育质量下降，影响了学生全面素质的提高。

高教事业和高校思想政治教育"大跃进"的偏差曾得到纠正。1959年6月，中共中央批转共青团中央《关于对学生进行高校思想政治教育中几个问题的报告》，提出了改进学校思想政治工作的几点意见：一是要按照学校的特点进行工作，学校工作以教学为中心，思想工作应当有利于教学工作的进行，有利于在学生中造成认真读书、刻苦钻研的风气，不能事事搞运动，天天搞运动，而应当经常进行深入细致的思想教育工作；二是要善于运用各种思想工作阵地，多方面地对学生进行教育；三是要具体分析，区别对待，严格区分两类不同性质的矛盾，在进行教育的时候坚持说服的方法,不能采取简单粗暴的压服办法;四是要注意在学校中营造民主的、自由争论的风气,培养学生勇于坚持真理、改正错误的精神。

高校贯彻以上指示精神后,思想政治工作中的"左"倾错误的纠正出现了可喜的转机。1961年中共中央颁布了《高教六十条》,对高校政治教育的任务、内容、原则、方向等问题做出了明确的规定,提出了"两个具有、两个拥护、两个愿意、一个通过,达到四个观点"的总体规格要求。这些要求纠正了1958年以来在政治与业务、"红与专"方面的偏差,不仅对高校思想政治教育指明了方向,对20世纪60年代前期所培养出来的人才起了重要作用,而且对当今的高校思想政治教育具有很重要的借鉴意义。

第三节 大学生思想政治教育面临的新情况

在前不久召开的中央思想政治工作会议上,江泽民同志发表的重要讲话,从如何认识社会主义的发展历史进程、如何认识资本主义的历史发展进程、如果认识当今我国社会主义改革实践对人们思想的影响、如何认识当今国际环境和国际政治斗争带来的影响等方面,深刻分析了党的思想政治工作面临的新形势、新情况,具有鲜明的时代特色和很强的现实针对性,当然也是大学生思想政治教育面临的新课题。

一、正确认识社会主义的发展历史进程

社会主义代替资本主义是历史发展的必然趋势,但不可能在短期内实现。人类社会发展的几千年来,人们不断幻想建立消灭剥削人、实现平等的制度,幻想"社会主义"。从古至今,出现过各式各样的社会主义流派。马克思恩格斯运用历史唯物主义和剩余价值学说,批判地继承了空想社会主义的优秀成果,在工人运动的实践基础上,创立了科学社会主义,使社会主义从空想变为科学。

与空想社会主义不同,马克思恩格斯提出社会主义必然取代资本主义这一结论,并不是主观的想象,也不是诉诸道德与法律的结果,他们认为,"道义上的愤怒,无论多么入情入理,经济科学总不能把它看作证据,而只能看作象征。"他们是从分析资本主义现实存在的矛盾着手,提出未来的社会主义制度的。正如列宁所概括的,"共产主义是从资本主义中产生出来的,它是历史地从资本主义中发展出来的,它是资本主义所产生的那种社会力量发生作用的结果。随着资本主义的发展和资本的积累,生产越来越具有社会的性质。资本主义产生使得劳动社会化了,许多分散的社会过程融合成为一个社会生产过程,生产者之间的社会联系日

益巩固,整个国民经济联结成一个整体。生产力的这种性质,客观上要求由社会来占有生产资料和调节整个国民经济。但是,生产资料的资本主义私人占有妨碍做到这一点,每种生产都是由个别资本家经营,由他为所欲为,由他把社会产品据为私有。于是生产方式与占有形式处于不可调和的矛盾之中,生产方式起来反对占有形式,这构成了资本主义基本矛盾——生产社会性与私人资本主义占有之间的矛盾。这一矛盾在资本主义范围内是无法解决的。唯一的出现是把生产资料的私人资本主义占有形式变为公有的,即社会主义占有形式。用马克思的话来说:"资本主义的垄断成了与这种垄断一起并在这种垄断之下繁盛起来的生产方式的桎梏,生产资料的集中和劳动的社会化,达到了同它们的资本主义外壳不能相容的地步。这个外壳就要炸毁了。资本主义私有制的丧钟就要响了。剥削者就要被剥夺了。"可见,资本主义发展规律本身使得社会主义制度必然到来,社会主义取代资本主义是不以人们的意志为转移的,必然要实现的客观规律。马克思是在100多年前作出的这一科学论断的。经过一个多世纪的发展,资本主义的确发生了很大的变化。但是,无论发生多大的变化,资本主义基本矛盾不仅依然存在,而且作用范围越来越扩大,尖锐程度越来越加强。因此,马克思的社会主义必然取代资本主义的论断并没有过时,也永远不会过时,坚信社会主义道路的正确性和历史必然性,社会主义信念坚定不移,其根本的理论依据正在于此。

20世纪一系列社会主义国家的产生和发展说明马克思的上述论断是科学的,富有预见性。20世纪初,在帝国主义统治的薄弱环节——苏联爆发了第一个社会主义国家。从此,社会主义从理想变为现实,改变了世界历史的进程。正是在十月革命的影响下,世界社会主义事业得到了迅速发展。第二次世界大战以后,在欧洲、亚洲、拉丁美洲许多国家里建立了社会主义制度。这一时期的社会主义实践,在探索、保证全体人民的政治平等和当家作主,消灭人剥削人的制度,消除两极分化、贫富悬殊,建设新型的思想道德文化等方面,取得了巨大的进步,也积累了丰富的经验。实践证明,社会主义是指引世界处于剥削制度压迫之下的无产阶级和劳动人民改变自己的命运,获得社会解放,建设幸福生活的正确道路。然而,也应该清醒地看到,从世界历史进程看,社会主义的历史还是短暂的,总的来说还处于实践和发展的初期,还要看到,十月革命以来先后诞生的社会主义国家,基本上都是原来经济文化落后的国家,彻底改变这种落后的面貌,在建立社会主义基本制度以后需要经历一个漫长的发展过程,其前进途中也不可避免地会遇到许多难以预料和想象的困难与风险,不会是一帆风顺。必须充分估计建设和发展社会主义事业的长期性、艰巨性。巩固和发展社会主义制度,需要长期的努力奋斗。由于社会主义是一种崭新的制度,没有现成的经验可以遵循,对于"什么是社会主义,怎样建设社会主义"需要不断实践、认识、再实践、再认识,在这个过程中就可能发生这样那样的失误以致挫折。一旦出现了失误以致挫折，必须加以正视，认真总结经验，汲取教训，以利更好地推进社会主义事业，而决不能动摇社会主义信念。

　　社会主义是在曲折中前进的，社会制度取代资本主义制度是历史发展的客观规律，然而这是一个长期的复杂的过程。社会发展规律与自然发展规律都是客观的，不依人们意志为转移的，但其实现过程却有着原则的不同。自然规律的实现往往不需要人们实践活动的参与，社会发展规律则不一样，它是人们各种实践活动的合力所表现出来的一种趋势，它必须通过人们的实践才能实现。在任何社会里，由于人们的利益有差异，他们实践活动的方向往往是不一致的。在阶级社会里，对立阶级之间的利益冲突表现为阶级斗争。因此，社会发展规律必然通过阶级斗争实现。在阶级斗争中，由于各种客观的、主观的因素，阶级力量的对比会发生这样或那样的变化，这就决定了社会发展规律的实现过程不是直线的，必然会发生曲折。但是，不管出现多大曲折，由社会规律所决定的发展趋势是不会改变的，它将在漫长、曲折的斗争中为自己开辟道路，并最终得到实现。我们经历了像苏联东欧剧变这样的惊涛骇浪，仍坚信世界将沿着十月革命指引的航向，驶向共产主义的彼岸，其根据也在于这里。

　　东欧剧变是这些国家党的领导人放弃社会主义道路的结果，因而并不是证明社会主义的失败，而是证明他们推行的路线的错误。

　　20世纪80年代末90年代初，苏联东欧国家政局发生剧变。社会制度从社会主义演变到资本主义甚至造成苏共遭禁，苏联解体的悲惨局面。这是国际共产主义运动史上的最大悲剧。为什么苏联这样一个发展了70多年的社会主义国家还发生资本主义复辟呢？社会主义还有没有希望？马克思主义究竟还灵不灵？一些善良的人们产生了种种疑问和迷惑，对社会主义的前途也存在这样那样的忧虑，甚至在我们的一些党员和干部中，在我们高校教师队伍中，在大学生中确实存在着"信仰危机"。我们必须正确分析东欧剧变的原因，澄清这些疑问和迷惑，进而坚定社会主义的信念。

　　东欧剧变的原因是多方面的，有外因内因。苏联东欧之所以发展到今天这样的地步，确有西方敌对势力推行和平演变战略的因素，对此决不能低估。然而，外因终究只是变化的条件，而内因则是变化的根据。造成东欧剧变的因素也是多方面的。问题在于什么因素是根本的、决定性的，也就是说，导致东欧剧变的最根本的原因是什么。经常听到一种说法：东欧剧变是社会主义的失败，至少是苏联模式社会主义的失败，这是值得推敲的。

　　如何评价苏联模式社会主义，即所谓"斯大林模式"？一些学者谈到"斯大林模式"往往是贬斥的，甚至是彻底否定的，仿佛这是一种错误的、罪恶的东西，其实，这需要做科学的实事求是的分析。从制度的角度来看，"斯大林模式。"包含两个层次的内容：第一是反映社会主义社会经济形态的本质特征和基本原则的基本制度。这是第一位的、决定性的，对于"斯大林模式"中有关社会主义基本制度的内容，必须充分肯定，苏联70年社会主义的实践证明，他们坚持共产党的执政地位，建立以工人阶级的领导，以工农联盟为基础的苏维埃政权，对无产阶级和广大劳动人民实行广泛的民主，对资产阶级和一切敌对势力实行专政，并依靠无产阶级专政来保卫社会主义制度；建立全民所有制和集体所有制两种形式的生产资料社会主义公有制，使之在国民经济中占统治地位，在此基础上实行按劳分配原则，从而为消灭剥削、消除两极分化，逐步实现共同富裕创造了前提条件；在意识形态领域，坚持无产阶级世界观——马克思列宁主义的指导地位，所有这些都是社会主义本质的体现，符合生产力社会性质的客观要求，反映了历史发展的必然趋势，因而决不能否定。我们党在1956年发表的《再论无产阶级专政的历史经验》一文中，曾经把这些内容概括为苏联革命和建设的基本经验，并指出这些经验是"放之四海而皆准的马克思列宁主义普遍真理"，是"每个国家革命和建设的过程"的"共同方面"。

第二是社会主义本质特征和基本原则的具体实现形式，即具体的政治经济体制和运行机制，具体的方针、政策、措施。这是第二位的、从属性的内容。对于"斯大林模式"中有关这一层次的内容，需要做具体分析。其中有的是正确的，有的则是错误的；有的在苏联的具体国情下是正确的，搬到别的国家去则是错误的。毛泽东同志在《论十大关系》一文中对苏联这一层次的经验采取的就是这种具体分析的态度。他提出以苏联经验为借鉴，走中国自己的路，也就是说，要把马克思列宁主义的普遍真理与中国具体国情结合起来，探索社会主义在中国具体条件下具体实现形式，而不能原样照搬苏联模式。建设有中国特色的社会主义就是以此为发端的。对这一层次的内容，还需要注意做历史的分析。更多的情况是，在一定的历史条件下，某种体制、某种政策是正确的、必要的，但随着备观条件的变化，必须进行改革。以经济体制为例，苏联从20世纪20年代末以来，一直实行的是高度集中的计划体制。这种体制符合当时国际国内环境下生产力发展的要求，有它的历史由来，起过历史的积极作用。随着经济规模的扩大和经济结构的复杂化，尤其是在新的科技革命、经济增长以集约方式为主的形势面前，这种经济体制已经不适应生产力发展的要求了。苏联社会主义的一大失误就是在经济体制已经束缚生产力发展时，没有及时进行改革，或者只是在原有体制范围内采取一些修修补补的改进措施，因而经济出现停滞现象，引起人民的不满。苏联的教训表明，在客观条件发生变化的情况下，不进行改革是没有出路的。

把"斯大林模式"这两个层次结合起来考虑，不能不承认，苏联模式社会主义基本上是正确的，但存在许多弊病，不能照搬。《再论无产阶级专政的历史经验》曾经指出："如果一定要说什么'斯大林主义'的话，就只能说，首先它是共产主义，是马克思列宁主义，这是主要的一面；其次，它包含一些极为严重的、必须彻底纠正的、违反马克思列宁主义的错误"对于"斯大林模式"也应该做这样的分析。

可见，人道的民主社会主义与科学社会主义是根本对立的，它尽管打着社会主义旗号，但它否定和抛弃社会主义本质特征和基本原则，因而本质上是反对社会主义的。

分析东欧剧变的过程和原因，我们可以看到，社会主义实践中出现的失误和弊病是东欧剧变的一个重要因素，因为它为敌对势力煽动群众、制造动机、乱中夺权提供了可乘之机。因此，必须认真总结他们的教训，及时进行改革，努力把国内的工作做好，特别是把经济搞上去，使我们站稳脚跟，立于不败之地。但这些失误和弊病并不是东欧剧变的决定性因素，两者之间不是直接的、必然的因果联系。东欧剧变的根本原因是这些国家的领导者推行了一条错误的路线，背弃马克思主义根本原则，放弃社会主义道路所造成的。东欧剧变并不是证明社会主义的失败，而是证明推行的路线的错误。这是我们应该从东欧剧变中吸取的根本教训。坚持社会主义、坚持改革，这是我们总结东欧剧变教训应该得出的基本结论。

二、正确认识资本主义的历史发展进程

资本主义的发展，从英国资产阶级革命算起，已有360年的历史。第二次世界大战后，资本主义进入了一个新阶段，发生了许多令人瞩目的变化。

当代资本主义的新变化。用变化和发展的观点考察历史及其发展过程，是马克思主义的一个基本方法，列宁曾经指出："马克思的全部理论，就是运用最彻底、最完整、最周密、内容最丰富的发展论去考察现代资本主义。"要正确认识战后资本主义的历史、现状及其本质，首先必须了解它究竟发生了哪些主要的变化。当代资本主义是多样性的统一。资本主义各国的具体情况虽有所不同，而且在不同时代所采取的政策措施各有区别，但其主要变化大体上可以概括为如下几个方面。

在经济发展层面上，随着新的科学技术革命的发展，当代资本主义特别是主要资本主义国家的经济保持了较长时期的相对稳定发展。在战后的半个世纪里，世界经济的年平均增长率接近4%，世界各国生产总值达到30万亿美元，其中西方发达国家所占比重约为四分之三，仅美国一个国家的国民生产总值就超过8万亿美元，而作为发展水平重要指标的社会劳动生产率的提高尤快，美国的人均国民生产总值如今已超过了3万美元，有的国家甚至超过4万美元，同20世纪初相比

提高了约100倍。

在产业和劳动力结构层面上，出现了转向信息化，服务化和高科技化的趋势。以金融、信息和其他服务为主要内容的第三产业迅速崛起，在西方发达国家国民经济中占据的比重已上升到三分之二，而作为工农业物质生产部门的第一产业和第二产业的比重则大幅下降，两个部门加在一起只占约三分之一，与此相对应，当代资本主义国家的劳动力结构也发生了重大变化。在西方发达国家中，农业劳动力只占劳动力总数的5%~6%，在美国则下降到不足3%。传统意义的产业工人数量也大幅度下降，在多数发达国家劳动力中的比重已不到30%，相反，第三产业从业者和产值连年增加，在总量中已上升到60%至70%，劳动者队伍出现了知识化、脑力化、白领化、多层次化的新趋势，其整体的科学技术、和文化素质日益提高，以知识分子为主的中间阶层不断扩大。

在运作体制层面上，当代资本主义由一般垄断转变为国家垄断。国家从"守夜人式政府"转向对经济进行直接干预和普遍调节，促进了资本的社会化，在其根本制度容许的范围内调整了社会生产关系。国家利用各种财政和金融手段调节国民经济的运行，甚至利用反复推行国有化和非国有化，来保证国民经济的平衡发展。

在社会关系层面上，西方发达国家准行"社会福利政策""工人持股"和"工人参与管理"等改良主义措施，实施有利于限制贫富差距扩大的税收政策和社会再分配政策，这在一定程度上缓和了社会矛盾和阶级矛盾，为经济在社会稳定条件下的发展提供了条件。

在资本的国际化层面上，新的科学技术革命创造了大量新产品，新技术和劳务服务，拓展了国际贸易空间，导致了生产经营和资本流动的国际化，推动了经济的全球化趋势。当今国际贸易总额高达年600万亿美元，国际直接投资增加到年300多万亿美元，世界外汇市场每天的交易额超过1.5万亿美元，年交易额高达500万亿美元左右。作为生产和资本国际化主要载体的跨国公司，无论数量还是规模均在急剧扩大，其中发达资本主义国家的大跨国公司在国际贸易、金融、投资和生产经营中占有极大份额。

促使当代资本主义产生变化的特定因素有以下几种。

世界上任何运动过程的变化都有其内在和外在的原因。资本主义作为一个社会形态的历史过程，在二战后的发展和变化是由其特定的历史条件与因素决定的。

科学技术的迅猛发展，为当代资本主义社会生产力的发展提供了一定空间。科学基础理论的重大突破，以及接踵而来的技术革命和产业革命，将二战后半个世纪中的世界从电气和原子能时代推进到自动化和电子技术时代，继而又推进到信息时代和生物基因技术时代。作为第一生产力的科学技术的飞速进步，为当代资本主义的经济所取得的成就及其优势地位，主要是通过科学技术的进步和知识创新来实现的。据统计，在西方发达国家，二战以来经济增长的70%至80%产生于科学技术的进步。

当代资本主义从一次又一次爆发的经济危机中汲取经验教训，切身感受到"不使全部社会关系经济发生变革，就不可能生存下去"。以1825年的工业危机为开端并反复出现的周期性经济危机，集中体现了资本主义作为"社会生产过程的最后一个对抗形式"所固有的社会矛盾的尖锐性。正是这种尖锐和深刻的矛盾引发了20世纪的两次世界大战。而20世纪20年代末30年代初的资本主义世界大危机，使其经济跌入崩溃的边缘。这次以股票市场大崩溃为起点的危机，使国际贸易减少了三分之二，一些国家的失业率高达劳动人口的50%，工资水平下降到危机前的三分之一，世界经济陷入大萧条，造成了极大的心理恐慌和社会震荡。可以说，恰恰是作为资本主义孪生物的周期性经济危机本身，迫切要求改革经济运作方式，建立反危机和预防的机制。

社会主义运动的影响与斗争也是推动当代资本主义"改弦更张"的又一个重要原因。自社会主义运动产生以来，社会主义与资本主义就成为左右现代世界的重要力量。十月革命的胜利，打破了资本主义的一统天下，开始了社会主义国家与资本主义国家的共存与竞争。二战后，社会主义制度在许多国家特别是东方大国——中国的诞生，形成了能够在全球范围与资本主义抗衡的强大力量。当代资本主义为了对抗社会主义和缓解国内的社会阶级矛盾，不得不实行某些改良。事实上，当代资本主义实施"工人参与管理"对社会收入进行较为公平的再分配，建立较为健全的社会保障体制和福利体制，公民平等享受教育的权利及一系列保障高等教育平民化和普及化措施，国家对产业特别是公共服务的直接投资，一定程度上的计划性，等等，无不是社会主义运动的基本主张。可以说，这一系列改良措施的实施，在很大程度上是社会主义的强大影响与资本主义国家工人阶级长期斗争的结果。

总之，资本主义在战后的发展说明"无论哪一个社会形态，在它们所能容纳的全部生产力发挥出来以前，是绝不会灭亡的"。一方面，生产力发展的客观要求推动着当代资本主义去调整社会生产关系和矛盾，否则就无法维持其生存；另一方面资本主义自身仍然有较强的社会适应性，它所容纳的全部生产力尚未发挥穷尽，它的自发调节机制和经济扩张能力尚未衰竭。

当代资本主义的基本矛盾依然存在以下几点。

马克思早就指出："资产阶级的生产关系是社会生产过程的最后一个对抗形式。"战后资本主义尽管发生了许多新的变化，但它依然是一种对抗形式的社会生产过程，以生产资料私有制为基础的生产关系与生产力之间的基本矛盾不仅依然存在，而且更为错综复杂，有时还十分尖锐。资本主义国家的自我调节机制只能在其根本制度容许的范围内来调整生产力与生产关系之间的不平衡和不适应，推迟经济危机的爆发或减弱其强度。实际上，资本主义在战后半个世纪里的发展并非一帆风顺，20世纪80年代中后期的结构性危机，特别是1987年被称为"黑色星期一"的美国股市连续暴跌风潮，以及20世纪90年代以来一系列的金融风暴和危机。资本主义的基本矛盾在新的基础上不断积累和加深，而且随着社会经济结构的变动，其表现形式也出现了某种不同于以往的新趋势。

当代资本主义经济所固有的"生产力无限制发展"和"有限的市场"的矛盾在作为"现代经济核心"的金融中表现得日益尖锐。借助对信息、高科技产业和通信网络的垄断优势，提高资本的投机性，通过制造"金融泡沫"来拉动经济，乃是当代资本主义的重要特点。当代资本主义国家特别是日本等，泡沫经济的迹象十分明显，金融泡沫的急剧膨胀，需要从物质生产部门获得更多的物质资源，以避免金融泡沫破裂，其结果是导致物质生产部门的衰败，而物质生产部门的衰败反过来又削弱其维持泡沫经济的能力。这样的趋势循环往复，最终导致资本主义金融体系的崩溃。可以说，当前的"金融泡沫"乃是当代资本主义基本矛盾的必然产物，也是资本主义危机的新的表现形式。

当代资本主义大国凭借其在经济全球化中的主导地位，向第三世界转嫁社会矛盾，经济危机和金融风险，南北矛盾不仅没有得到缓解，反而趋于尖锐。当代资本主义的发展不仅依赖于第三世界国家的廉价资源，而且离不开第三世界的廉价劳动力，廉价市场和廉价商品。这种不平等交换造成了贫富的两极分化。占世界人口约17%的24个工业化国家拥有世界生产总值的75%，而占世界人口80%的发展中国家仅占世界生产总值的21%，第三世界国家外债总额高达2.5万亿美元。有13亿人生活在世界上最贫穷的国家，每天人均收入不足1美元。8亿人忍受着饥饿。8000万人完全不能享受医疗服务，超过2.6亿的人不能上学，尤其值得注意的是，当代资本主义发达国家凭借其在金融和资本跨国流动中的垄断地位，向发展中国家输出和转嫁危机，给这些国家的经济带来严重破坏。

当代资本主义国家虽然采取了在一定程度上限制贫富差距的措施，但贫富两极分化依然是十分严重，据统计，在美国失业率和通货膨胀率较低的1998年，其最低的40%的家庭所拥有的财富占美国总财富的0.2%。几十年来，西方发达国家生活在贫困线以下的人口一直保持在15%~20%。1997年有5700万欧洲人，即17%的欧盟人口生活在贫困家庭。近年来，西方发达国家实行缩减福利开支和有利于资本的税率改革，进一步扩大这种被称为"富国中的贫困化"的现象。

当代资本主义虽然把充分就业作为调节经济的政策目标，但其劳动人口失业率一直居高不下。据1999年统计，美国的失业率虽然为近年来最低水平，但仍达到4.2%，日本为4.9%，加拿大为7.8%，欧盟15国的平均失业率则高达10.1%，即使仍在就业的工人，其实际收入也在下降。据统计，从20世纪70年代中期到90年代中期的20多年间，除去通货膨胀的因素，美国实际的人均国民生产总值增长了36%，但一般工人的实际小时工资却下降了14%。

作为当代资本主义社会矛盾在文化领域的反映，西方发达国家消费主义蔓延，物欲膨胀。美国的消费过热促使个人消费增长的速度已明显超过个人可支配收入的增长速度。与此相对应，无节制的享乐侵蚀着社会进步的主流价值，个人满足代替了对社会共同利益的服从，极端的个人的自我主义代替了权利与义务相匹配的传统道德观，以致像布热津斯这样的资产阶级思想家也惊呼："以相对主义和享乐至上作为生活的基本指南，构不成任何坚实的社会支柱。一个社会没有共同遵守的绝对确定的原则，相反却助长个人的自我满足，那么，这个社会就有解体的危险。"

马克思说过："在资产阶级社会的胎胞里发展的生产力，同时又创造着解决这种对抗的物质条件。"当资本主义一旦不再能在自己的制度框架内调节矛盾和平息危机，它就将产生深刻的震荡，乃至社会爆炸，即使是当代资本主义"围城"中的人士，对此也不讳言。法国一位当政领导人在1998年7月的《新观察家》周刊上指出：当代资本主义在向"全球化演变"的过程中，始终"保留了自己的致命弱点：一种为赚钱而赚钱的本性"。他认为，从20世纪80年代至今的一系列国际金融危机说明"资本主义仍然是不稳定的"，他还援引美国经济学家莱斯特•瑟罗的话："资本主义的道路上出现了裂缝，这些裂缝孕育着地震。人们不知道地震会在什么时候，什么地方和以怎样的方式爆发，然而却知道总有一天要爆发。"

资本主义向社会主义过渡的必然性与长期性：马克思和恩格斯在19世纪中叶就预见了资本主义灭亡及其最终将被社会主义代替的必然性，列宁在20世纪初针对资本主义发展到帝国主义阶级的腐朽性和垂死性的著名论断。但在以往相当长的一段时间里，存在着一种简单化和庸俗化的观点，断言通过"战争—革命"转换的模式，资本主义的灭亡已为期不远甚至"指日可待"。这显然是对马克思列宁主义的一种曲解。马克思列宁主义有关于资本主义向社会主义过渡的理论包含着丰富而深刻的内涵，它全面揭示了资本主义社会的本质及其矛盾所决定的历史发展的必然性与历史过程演进的长期性的统一，资本主义的腐朽性与它作为社会形态的自身继续发展可能性的统一，以及历史进程的阶段性与历史结局的指向性的统一。

社会形态的发展是一种自然历史进程。也就是说，历史发展过程归根结底是生产力与生产关系矛盾运动的产物。只有把一切社会关系归结为生产关系，进而把生产关系归结为生产力，才能把社会形态的发展过程看作"自然历史进程"。正因为如此，马克思一方面强调一旦生产关系"由生产力的发展形式变成生产力的桎梏，那时社会革命的时代就到来了"；另一方面又告诫人们："新的更高的生产关系，在它存在的物质条件在旧社会的胎胞里成熟以前，是绝不会出现的。"因此，一个社会形态的灭亡及其向另一种社会形态的过渡，必然是一个十分漫长的过程，要经历许多阶段。从历史经验来看，这一过程绝非一朝一夕所能完成，也不是几十年或几代人所能实现的，而需以若干世纪作为时间单位来衡量。何况，资本主义制度的灭亡及其被社会主义制度取代的过程，不是人类社会发展一般进程中两种同样以私有制为基础的社会形态的更迭，而是社会主义公有制代替资本主义私有制的根本性转变。这是对人类历史上一切私有制的否定，也是公有制在生产力高度发达的基础上再生的过程，更有其特殊的复杂性、曲折性、长期性。正如列宁在论述发展到帝国主义时代资本主义腐朽性和垂死性时指出的：资本主义"可能在腐烂状态中保持一个比较长的时期"。资本主义通向社会主义的整个道路"绝不是平坦的，而是难以想象的复杂"。然而，不论社会主义代替资本主义的过程有多长，道路有多曲折，资本主义必然灭亡，社会主义必然代替资本主义的社会历史发展趋势，是不可逆转的。

我国是一个发展中的大国，长期封建制度及其影响阻碍了我国生产力的发展，即使是在社会主义建设过程中，落后的封建思想观念也有着不可忽视的消极影响。在过去很长的时间里，我们对社会主义社会经济、政治、文化等的认识处于简单化水平，在经济与社会关系中仍存在着大量不适应生产力发展的环节。这些非社会主义因素严重侵蚀着人们的思想，使得以勤劳勇敢著称于世的中国人民中滋长了很强的懒惰之风；改革开放以后，西方社会富裕生活的示范致使一些人出现了享乐、奢侈风气。许多人不思如何自强上进，而是一味地指责自己的国家生活水平不如西方。毛泽东同志早在20世纪50年代就指出："要使全体青年懂得，我们的国家现在还是一个很穷的国家，并且不可能在短时间根本改变这种状态，全靠青年和全体人民在几十年的时间内，团结奋斗，用自己的双手创造出一个富强的国家。社会主义制度的建立给我们开辟了一条到达理想境界的道路，而理想培养境界的实现还要靠我们的辛勤劳动。有些青年人以为到了社会主义社会就应当什么都好了，就可以不费气力享受幸福生活了，这是一种不实际的想法。"

三、正确认识当今我国社会主义改革实践对人们思想的影响

改革开放发展到今天，随着社会主义市场经济体制的建立，生产力得到了迅速发展，人民生活水平得到了提高，综合国力明显增强。同时，一方面为精神文明的建设注入了强大的活力，有力地推动了人们解放思想、面向未来、面向世界，焕发出自强不息、奋力拼搏的精神，冲击了那些落后、陈旧、过时的旧思想、旧

观念，增强了人们的竞争意识、效率意识、民主法制意识和开拓创新精神；它还有助于革除愚昧落后、封闭保守的生活方式，确立文明、健康、科学的生活方式，对于提高全民族的素质，培养"四有"新人有重大的作用。另一方面，在市场经济运行过程中，也出现了一些不可忽视的负面影响，如一些领域道德失范，拜金主义、享乐主义、个人主义滋长；封建迷信活动和黄赌毒等丑恶现象沉渣泛起；假冒伪劣、欺诈活动成为公害；文化事业受到消极因素的严重冲击，危害青少年身心健康的东西屡禁不止；腐败现象在一些地方蔓延，党风、政风受到很大损害。要认识这种矛盾的现象，就需要分析市场经济对人们思想的双重效应，这也是大学生思想政治教育必须解决的问题。

市场经济的积极作用：市场经济体制的建立，有利于吸收人类文明的一切优秀成果。在计划经济体制下，我们把市场经济的一般规律，当作是资本主义的经济规律加以排斥。然而，当我们明确了社会主义市场经济是我国经济体制改革的目标以后，使人们逐步认识到，在资本主义条件下产生的人类文明成果，比原来看到的要多得多。市场经济体制的建立，有助于培养现代的思想观念和道德规范，如现代科学的认知能力和工作技能；自主、平等、创新、科学、守信、经济理性等。市场取向的改革正在有力地推动这些理性化的行为特征的形成。

第三章 新媒体时代下思想政治教育教学模式

第一节 高校思想政治教育模式新探讨

以互联网技术、移动通信技术为核心的社会信息化体现了新媒体的发展本身是一种不可逆转的时代潮流和趋势。高校是社会科技发展潮流的引领者，信息化时代的到来使得高校在新媒体运用方面走在前列。2013年7月，CNNIC（中国互联网络信息中心）发布了第32次《中国互联网络发展状况统计报告》，对我国网民规模、结构特征、接入方式和网络应用等情况进行了连续的调查研究。截至2013年6月底，我国网民规模达5.91亿，较2012年年底增加2656万人，互联网普及率为44.1%，较2012年年底提升了2.0个百分点；我国手机网民规模达4.64亿，较2012年年底增加4379万人，网民中使用手机上网的人群占比提升至78.5%。这些数据充分表明，中国的新媒体用户数量持续增长，新媒体普及率迅速上升。

自中共中央、国务院《关于进一步加强和改进大学生思想政治教育的意见》（中发〔2004〕16号文件）下发以来，北京市委市政府高度重视，制定下发了专门文件，明确了"保稳定、建首善、创一流"的工作目标，周密部署，扎实工作，系统规划和推进首都大学生思想政治教育工作。因此，高校应该最大限度地发挥新媒体的积极作用，完善新媒体的管理和建设，合理、有效地运用新媒体开展思想政治教育工作。

一、新媒体技术背景下开展高校思想政治教育工作的必要性

（一）"新媒体"含义与特点

新媒体相对传统媒体而言，是利用现代化、先进的网络技术、数字技术和移

动技术，通过互联网、无线通信网，以及有线网络等渠道向用户传递信息服务的传播形态和媒体，以各大网站、手机媒体、数字杂志、电子书、移动电视、微博、微信、飞信、QQ等为主要形式，也被称为"第五媒体"。从信息传播的角度来看，公众接触最多、对高校大学生思想政治教育影响最大的新媒体主要有两类：一类是以互联网为信息传播载体的新媒体，简称网络媒体，例如，门户网站、博客、网络论坛等。另一类是以手机为连接终端的新媒体，简称手机媒体，例如，手机短信、手机电视等。

新媒体具有便捷性、即时性、交互性、虚拟性、全覆盖的特征，通过新媒体的交流沟通在双向性、平等性的基础上增加了主动性与互动性，信息的瞬间传递拉近了人们的空间和心理距离，新媒体还能高效率地带动参与者的积极性，在技术、运营、产品、服务等商业模式上具有创新性，同时，其边界不断变化，呈现出多媒介融合的趋势，以更丰富多样的形式拓展了受众范围。新媒体以其灵活、快捷的特点，为高校加强思想政治教育工作提供了更加广阔的平台。

（二）新媒体应用于高校思想政治教育的必要性分析

首先，新媒体这种快捷、多元的平台深受大学生喜爱，思想政治教育工作在新媒体时代的新背景下必然有突破性的进展；其次，结合新媒体技术进行思想政治教育极大地丰富了教育的形式和传播内容，拓展了教育的对象范围；再次，提高高校教育工作者运用新媒体的能力保证了高校新媒体传播的正确方向。新媒体已成为人们交流和信息互递的重要载体，但由于网络的虚拟性、自由性使我们难以从繁杂的信息中辨别真伪，进而影响集体内部团结、威胁社会稳定。作为高校思想政治教育工作者，我们不应该被动地任由网络肆意地发展，而应该主动掌握思想政治教育的网络新阵地。

传统说法上的思想政治教育是指一定的阶级、政党、社会群体用一定思想观念、政治观点、道德规范，对其成员施加有目的、有计划、有组织的影响，使他们形成符合一定社会所要求的思想品德的社会实践活动。思想政治教育的发展要始终坚持解放思想、实事求是、与时俱进，继承和坚持以人为本的优良传统，努力培养德智体美全面发展的社会主义合格建设者和接班人。新媒体背景下的网络思想政治教育是传统手段和方法上的延伸，也是一种全新的思想政治教育理念与模式，信息时代要求传统思想政治教育吸收新方法、寻找新途径。多年来，传统高校思想政治教育模式在改进大学生的思想道德、帮助他们树立正确的人生观价值观上发挥了重要的作用，网络为高校工作者和大学生提供一种新的获取信息的平台的同时，也对传统的思想政治教育形式造成了冲击，使高校思想政治环境面临严峻的挑战。新形势下，大学生思想政治教育工作要紧跟时代发展步伐，让新媒体进入思想政治教育体系，不断地创新形式，切实保证思想政治教育工作的效果。

二、新媒体背景下高校思想政治教育工作面临的机遇、问题和挑战

教育部部长袁贵仁在全国教育工作会议上指出："随着网络、手机、微博等新媒体迅猛发展，当前的舆论生态发生根本性变化，进入了全球全民全媒时代。面对全新的舆论环境，我们要主动适应、顺势而为、趋利避害，不断提高工作能力和水平。"可以预见，新媒体也将影响思想政治教育的未来发展进程，对于高校思想政治教育具有相当大的积极意义，巨大的机遇与严峻的挑战并行，我们要始终站在时代的前沿，趋利避害，推进高校思想政治教育工作的创新发展。

（一）当前高校结合新媒体开展思想政治教育工作的现状

伴随时代的发展和高校教育体制的改革，各大高校思想政治教育工作者密切结合新媒体，探索新形式，构建新媒体教育平台，逐渐满足大学生思想政治教育发展的需求。比如，建立"红色"主题网站、论坛，开通思政教育专门微博平台，用时尚流行用语翻译"红色"词汇等，以更接地气的方式使思想政治教育更加深入人心。当前的一些思想政治教育工作之所以能够更轻松、灵活、人性化，紧紧抓住大学生的认知特点，是因为把思想引领和教育工作融入学生的专业学习实践中去，师生之间借助新媒体交流沟通，使思想政治教育的内容更容易被学生吸纳和接受。2006年，教育部发布施行的《普通高等学校辅导员队伍建设规定》明确了辅导员"教师和干部"的双重身份，使高校一线的思想政治教育工作者获得了高度的认可，有了政策制度的支持，调动了辅导员的工作积极性。有了这批专业思想政治教育队伍，基于新媒体优势的运用和发挥的高校思想政治教育工作能够持续、稳定地开展下去。

（二）机遇

1.新媒体为高校思想政治教育拓宽了内容、资源和空间

传统思想政治教育的信息源、覆盖面相对较少，信息更新速度慢，而且教育者由于主客观条件的限制，一定程度上影响了高校思想政治教育的效果。如今，以网络为代表的新媒体具有信息量大、更新快的特点，使得信息资源共享变成可能，人人都可以通过新媒体收集到丰富的思想政治教育资源，为思想政治教育资源创造出一种全新的存在方式。这样，原本狭窄、封闭的空间变成了开放性强、覆盖全社会的思想政治教育空间，使得高校思想政治教育的渠道变得畅通，大大提高思想政治教育工作的时效性，体现思想政治教育工作的时代要求。

2. 新媒体为高校思想政治教育工作提供了新的方式和手段

新媒体实现了信息的双向交流，使思想政治教育由原来集中统一的"一刀切"模式转变为多样化的教育模式。原来自上而下的单向灌输和被动接受转变为双向、多向的直接交流和互动，思想政治教育的效果会成倍增长。受教育者对新形式、新手段更熟悉更喜爱，接受的教育内容自然更有吸引力。新媒体使单调的指示、文字、说教转变为图、文、声、画等多媒体并用，用生动活泼、平等的交流模式调动人的全部感官加入学习过程，学习效率会大大提高，这是传统思想政治教育无法企及的。

3. 新媒体增强了高校思想政治教育的实效性、自主性和针对性

手机、网络等新媒体显示了其得天独厚的优势，日渐成了一种全新的思想政治教育载体。新媒体更为方便、快捷地发布信息，更能满足信息化时代人们的需求。在更广阔的时空里，大学生可以随时随地主动接受思想教育，师生间的交流通过新媒体变得灵活、自主，虚拟的环境更能解决与学生面对面的沟通的困难，从而可以更准确地了解受教育者的思想动态和要求，对学生进行更有针对性的思想教育和行为引导。

（三）问题和挑战

然而，面对新媒体，高校思想政治教育自身改革的速度却远远跟不上新媒体技术的发展步伐，大学生和高校教师，以及他们所依赖的原有教育制度环境已严重滞后，对新媒体环境下的高校思想政治教育工作缺乏前沿认知，以及理论和实践的研究。另外，网络平台交流的开放性、私密性也带来了新的问题，传统思政教育模式对于大学生的主体性重视不足，话题古板老套，已经逐渐丧失吸引力。新媒体平台中有关思想政治教育的内容又缺少个性、无法引起大学生群体的兴趣，很难起到对于大学生的教育引导作用。新媒体传播渠道和价值取向的多样化冲击着人们的思维方式和思想观念，对于高校来说，信息的发布和接收更是很难进行有力监控。

新媒体技术以其传播便捷、海量信息等优势拓展了思想政治教育的内容和空间，丰富了思想政治教育的手段和方式。面对新的背景，高校要不断加强新媒体基础设施建设，搭建网上思想政治教育阵地；通过培训，提高思想政治教育队伍素质；健全制度，加强监督，保证思想政治教育的效果；搭建和完善高校网络思想政治教育合力工作机制，使思想政治教育工作有条不紊地开展起来，获得切实的主动性，全面推进思想政治教育融入新媒体。

三、运用新媒体创新高校思想政治教育的有效措施

新媒体的发展使当代大学生思想政治教育面临着诸多机遇与挑战，我们从事思想政治教育的德育工作者，应该积极地迎接挑战，把握机遇，开创新形势下大学生思想政治教育的新局面。

（一）重视学生的主体地位和个性发展，树立新的教育观念

新媒体环境下的大学生思想政治教育应实现教育角色的转变，改变传统中的灌输教育，让学生主动接受、探索，首先要肯定和尊重学生的主体地位，一切以学生的个性、人格和综合素质发展为本，为学生搭建平台以利于激发其主观能动性和创造力。例如，高校对校园网络进行精心设计，完善新媒体所需的硬件软件设施，做到基本覆盖了学生学习生活的所有领域，形成校主页、各学院学生网站、专题网站的三级校园思想政治教育网络体系，面向广大同学开展思想教育。网站重在加强对学生理想信念教育的引导，也提供心理咨询、就业指导等方面的服务，帮助学生成长成才，也为他们解决实际困难。网络即时聊天工具可以缩短教育工作和教育对象之间的距离，为及时掌握学生思想动态提供了便利条件。移动技术的发展速度很快，深受大学生的喜爱，教育工作者在向学生传递信息时只需通过短信、飞信群发、微博、人人发状态等就可以快速把通知和信息传递出去，工作效率大大提高。大学生在微博、微信朋友圈这样的新媒体平台上展示自我、自由连通，把生活工作与图文符号联系在一起，作为高校思想政治教育工作者，更应顺应新媒体潮流，关注学生的个人主页，把思想政治教育工作落实到学生内心。

（二）建立一支高素质的新媒体思想政治教育队伍

作为大学思想政治工作者，要不断加强自我学习，与时俱进，利用新媒体拓展大学生思想政治教育的渠道和空间。培养一支具备思想政治理论素质、熟悉教育工作规律、能掌握并熟练运用新媒体技术的骨干力量，包括以辅导员为主体的教育队伍。这支教育队伍具有独立使用新媒体开展思想政治教育工作的能力，同时，高素质的学生网络管理队伍能充分调动学生利用网络开展工作的能力。

（三）加强道德教育，建规立法，健全新媒体时代高校思想政治教育的监管机制

新媒体的不可控性、匿名性带来的不文明行为给社会主义精神文明建设带来非常严重的影响。因此，我们要高度重视新媒体时代引发的新的道德问题，高校要把开展新媒体道德和法制教育作为高校德育的新内容，通过文明、安全等方面的宣传教育，增强高校师生的道德意识，从而在全社会范围内加强道德教育，建设新媒体道德规范体系，使文明使用新媒体成为公民的自觉行为。尽管，相较西

方，互联网技术在我国起步较晚，但政府对网络管理的立法工作非常重视，目前我国已制定了《中华人民共和国计算机信息系统安全保护条例》《中华人民共和国计算机信息网络国际联网管理暂行规定》《互联网电子公告服务管理规定》《互联网信息服务管理办法》等几十部法律法规，初步形成我国网络管理的基本框架，为高校开展网络法制教育打下了基础。当前，高校应在学习、执行有关法规的同时，结合本校实际情况制定新媒体管理的相关规定，加强对校园新媒体使用的监管和控制，保证健康、规范地进行信息传递。

北京工业大学高度重视思想政治教育工作，2013年7月9日，10届第61次校党委常委扩大会议审议通过《北京工业大学关于加强和改进青年教师思想政治工作的实施办法》，提出建立加强和改进青年教师思想政治工作的主要措施，健全青年教师思想政治工作的保障机制，全面促进青年教师队伍建设。

四、形成合力推进网络思想教育工作

高校思想政治教育工作不是某个部门的任务，而是整个学校各个部门工作的有机结合体。

共青团是党的助手和后备军，共青团干部担负着组织、引领广大团员青年永远跟党走的历史使命。对于接受新鲜事物很快、洞察力很强的广大团员青年来说，新媒体无时无刻不在影响着他们的学习和生活，改变着他们的价值观念和生活方式。对高校广大团员青年使用新媒体情况的调查显示，几乎全部团员青年都接触过网络、拥有至少一部手机，大多数团员青年主要通过互联网、手机浏览信息，发表评论。新媒体时代的强大吸引力意味着，高校共青团必须正确分析新媒体对青年的影响，推进思想政治教育工作。

一要传递正确的思想，进行正确的舆论引导。新媒体传递信息的速度、空间前所未有，传播的信息比较随意、自由、控制力差。青年人思维异常活跃、价值观尚不成熟、判断分析能力较差，往往容易受到一些不健康的思想言论影响，产生思想波动，甚至走上迷途。高校共青团工作应该借助新媒体宣传贯彻党的十八大精神，弘扬社会主义核心价值体系，以先进文化引导青年树立正确的价值取向，不断加强青年的思想政治教育。共青团要时刻把握广大团员青年思想和行动上的新特点、新变化，充分认识并运用新媒体加强和推进共青团的建设，使其为广大团员青年成长成才服务。二要提高共青团运用新媒体的能力。新媒体能够较好地满足青年的好奇心、虚荣心和求胜心，加之广大青年接受新鲜事物的迅速性，网络监管的不健全、信息的全方位共享使得高校共青团需要及时转变思维、更新信息、跟上形势，这就对共青团工作提出了更高的要求。因此，高校共青团干部只能不断地加强学习，拓宽视野，熟练掌握并应用各种新媒体，搭建平台、创新载

体,开通高校共青团手机报、人人网主页、官方微博等新媒体,通过网上互动等形式加强与青年沟通与交流,同时,也要建立完善的新媒体信息管理、监督机制。三要提高共青团组织在新媒体环境下的认同度。新媒体已成为青年生活中的必需品,青年的思想发展、情感诉求、心理健康无不受到新媒体的传播方式影响。而共青团的组织形式相比新媒体显得单一、刻板,因此,要提高青年参与团组织活动的兴趣,增加青年对团的认同度,共青团要积极构建青年的新媒体家园,建立青年思想政治教育新领地。

  结合新媒体技术,促进高校学生工作对于拓展思想政治教育工作有积极的作用。大学生是高校的服务对象、教育对象,所以,一定要对学生严格管理、提高学生工作效率、对学生负责。网络是一个开放的世界,大学生作为身心发展健全的个体,已经初步形成了自己的人生观与价值观,新媒体的普及在一定程度上影响大学生的性格塑造。受成长环境和社会阅历等多方面的限制,对于网络这样一个虚实莫辨的虚拟世界,大学生很容易迷失自我,不合理的使用新媒体可能会造成生理和心理问题、人格障碍等危害。新媒体作为一种技术和工具,不能完全替代人的作用,高校学生工作者要帮助学生判断、认识复杂多元的网络新媒体文化,提高大学生在政治思想上的免疫力,积极探索进一步加强和改进高校思想政治教育的新途径和新方法。

  完善高校校园文化建设,营造先进健康的校园文化,不但是时代赋予高校的重任,也是思想政治教育实施的有力保障。高校必须时刻关注新媒体技术的发展动向,利用新技术手段,不断丰富校园文化生活,拓展传统校园文化的内容。校园文化建设以促进大学生成才和提高大学生综合素质为目标,良好校园文化的形成使师生自然融入这样一个积极向上的校园文化氛围,从而使思想政治教育工作的开展变得更加容易。高校应以新媒体为平台,开展丰富多彩的校园文化活动,增强校园文化的影响力。针对不同需求,建立专门的功能性微博、微信、网站,为师生提供有价值的信息和服务,为学生提供学习、生活、心理健康上的帮助和引导,利用"飞信"等校园短信平台加强"校院班生"四级的联系,时刻做到资源互通、信息共享。高校要充分运用校园网络系统、信息门户,使之故为党建宣传的窗口、理论学习的课堂、师生互动的纽带、学生喜爱的家园,把教育、管理和服务功能有机结合起来,开展丰富多彩的校园文化建设、思想教育活动。

  总之,宣传部、学生处、团委、信息中心等各部门联动开展思想政治教育工作,明确各部门职责,综合协调,逐步建立新媒体与思想政治教育相结合,与共青团、学生工作、校园文化活动相结合的新体系。

  新媒体时代带来的变化给高校打造了一个新的平台,高校作为一个专门培养人才的机构,它的本质和核心任务不会变,新媒体给它带来的仅是一种形式上的变化。谈到新媒体和高校的结合，很重要的方面是新媒体如何与高校的传统的工作——教书育人、科学研究、文化传承，社会服务等基本的职能进行结合。新媒体的应用普及是一种不可逆转的潮流，面对这样一种新事物，高校应该用一种开放的心态来迎接新媒体时代的到来，也应该有危机意识和主动意识，应对新媒体带来的机遇和挑战。

第二节 新媒体环境下高校教学管理优化和创新

一、绪论

近年来，随着社会经济的快速发展和科学技术的进步，互联网也在以迅猛的速度成长和发展。随着五大趋势的融合（3G、社交网络、视频、网络电话、日新月异的移动装置），移动互联网迅速崛起，新媒体也以其迅猛的发展趋势快速渗透进人们的日常生活，并在不知不觉中影响着人们的生活。

根据《第29次中国互联网络发展状况调查统计报告》，截至2011年12月底，中国网民数量突破5亿，达到5.13亿，全年新增网民5 580万，互联网普及率较2010年年底提升4个百分点，达到38.3%。其中，手机网民规模达到3.56亿，同比增长了17.5%。学历方面，大专及以上学历人群中互联网使用率已达96.1%。以博客、微博、社交网站等多种形式存在的媒体形态层出不穷。楼宇电视、移动电视、手机媒体、1PTV（网络电视，是基于IP协议的电视广播服务，人们可以通过宽带网络交互式地收看电视节目）等各种各样的新媒体正在逐步进入人们的生活，并且在不知不觉中改变着人们的生活习惯和工作方式。

作为新媒体的主要使用者，大学生群体与新媒体的扩散产生了互动。大学生群体特定的角色特点，以及对新媒体的认知、情感和态度决定了这个群体对新媒体的主观需求，并且促成新媒体在该群体中的渗透。而新媒体的使用反过来也对大学生的学习方式、生活方式、价值观、道德认知、行为倾向产生着潜移默化的影响。高校学生事务管理者作为教师教学的配合者、学生学习的监督者及学生思想道德建设和心理健康咨询的主要负责者，如何有效地与学生进行沟通交流是一项最基本的素养。鉴于当下媒体环境的变化，研究高校学生事务管理者的新媒体媒介素养对于高校学生工作有着重要的现实意义。

二、新媒体的定义及特征

对于"新媒体"这个概念的界定，目前的学术界可谓是"百花齐放、百家争鸣"。有新旧说，即新媒体是相对旧媒体而言的，这种理论认为，只要在构成要素上能够区别于传统的媒体，就是新媒体；有技术论说，认为"新媒体"就是在计算机信息处理技术基础之上出现，并且产生影响的媒体形态；还有人认为只要是在第四媒体以及其后出现的现存媒体都是新媒体。其实，"新媒体"这个概念的提出最早可以追溯到40多年前。1967年，美国CBS（哥伦比亚广播电视网）技术研究所所长，同时也是NTSCI（美国）国家电视标准委员会电视制式的发明者P. 戈尔德马克（P.Goldmark）发表了一份关于开发EVR（电子录像，Electronic Video Recording）商品的计划，其中第一次提出了"新媒体"（New Media）一词。

在20世纪70年代，"新媒体"是指刚刚兴起不久的电视。随后，互联网出现，网络晋升为"第四媒体"，取代了电视"新媒体"的地位。互联网也不是"新媒体"的终结方式，信息技术的快速发展推出了一个又一个新的媒介产品，而这些产品由于拥有新的传播媒介和传播形式，都可以归为新媒体一类之中。也就是说，"新媒体"所包含的媒介形式处于并且一直处于发展之中。

综上，笔者认为，新媒体指的是那些基于该时代最新被推广的科学技术，能够在全球范围内即时互动传播信息的传播媒体形态。而又由于本研究主要探讨新媒体对当下高校学生事务管理者媒介素养的影响，本研究将新媒体的涵义进一步做出了限定，本文中的新媒体主要是指互联网和以智能手机、Pad（平板电脑）为用户终端的无线通信平台，其典型代表为微博（新浪微博等）、社交网站（人人网、开心网）、App（Application Program，以智能手机和个人电脑为平台的客户端应用程序）、博客（博客大巴、和讯博客、QQ空间）、维客等。

新媒体的特征有如下几个方面：

第一，超媒体性。超媒体是超文本的延伸。超文本是在早期网络只能传输文本信息的条件下提出的概念，但是现在，依靠数字技术对多媒体信息的整合，新媒体可以为信息使用者提供文本、图片、声音、影像等多媒体信息，这些多媒体信息也是按照超文本的方式组织的。用户通过"点击"不仅可以获得相关的文本信息，还可以获得相关图片、声音、影像等信息，这就是新媒体的超媒体性。新媒体的这种特性也打破了原来以载体来区分媒体"新旧"的惯例。随着计算机芯片微型化和网络融合，手机、数字电视等装有卫星计算机芯片的新媒体也可以同电脑一样连接到互联网，成为信息接收终端，超媒体信息服务也成为各类新媒体提供的基本服务。

第二，强交互性。交互性是新媒体区别于传统媒体的最突出特点。它包含两个含义：信息发送者和接收者之间的信息交流是双向的，参与个体在信息交流过程中都拥有控制权。新媒体的强交互性特征直接造成了"去中心化"的传播效果。传统媒体都有一个信息采编中心，有"把关人"，受众要获得信息必须依赖于这一中心，并且往往在强势大众媒体面前失去话语权，沦为沉默的螺旋。而以微博、社交网站为代表的第三代互联网和以博客为代表的第二代互联网应用颠覆了这一"中心",避免了内容的审核把关,使网民个体的主体地位大大提升。信息发布上,几千万条转发的微博、数千万的社交网站没有阻拦地将自己的文章、观点、图片、音视频发表到网上,信息发布者自身成为互联网的"中心",而且发送者和接收者之间的互动性频繁而即时,几乎可以达到人际传播的效果。

第三,个性化。报纸、广播、电视都是一般意义上的大众传播,不可能为个体单独制作、出版和播放。新媒体作为以个性为指向的"分众媒体""个人媒体",适应受众需求的多样化和受众市场的细分化的趋势,针对特定用户群的需要提供个性化、专业化的信息服务。在新媒体中,用户可以根据自己的喜好、专业或需要选择、定制信息。比如,微博用户可以选择自己喜欢的页面装饰,可以关注自己喜欢的明星、专家或者媒体,还可以选择不接受任何评论。传统媒体要求受众按照他们的时间表来获取信息,新媒体则允许用户在任意选定的时间收听、收看广播电视,如有兴趣、有必要,还可以反复收听、收看。

第四,即时性。与传统媒体的信息需要一个较长的制作周期并定期、定时发行及播出不同,通过互联网、手机等新媒体,接受和发布信息不受时间和空间的任何限制。可以在任何时候、任何地点接受或发布信息,而且是在一瞬间就可以达到全球的范围。特别是手机这种新媒体,随身性极强,超越了地域、时间和电脑终端设备等的限制,可以随时随地在接收信息或发布信息的状态。在突发事件的报道中,手机、微博、互联网的结合,将"第一时间""第一现场"牢牢掌握在手里。

第五,族群化。传统媒体的受众,是一个个分散的个体,是"沙发上的土豆",但新媒体的受众之间的横向联系则很强,呈现出组织化、族群化的特点。社交类网站可以通过各种方式把网民"黏"在一起,建立"朋友圈",形成网络"族群"。个人与个人之间、个人创造的内容与内容之间、群体与群体之间,都能通过网络提供的不同方式联系起来,形成所谓"网络时代的新部落"。

三、媒介素养及新媒体素养的含义

媒介素养是"Media Literacy"的中文翻译。关于媒介素养的概念,学术界也并无统一的定论。英国著名教育专家大卫·帕金翰认为,媒介素养指使用和解读媒介信息所需要的知识、技巧和能力;中国传媒大学教授张开认为,媒介素养是传统素养(听、说、读、写)能力的延伸,它包括对各种形式的媒介信息的解读能力和制作各种媒体信息的能力。虽无定论,但国内外学者基本上可以达成以下几点共识:第一,媒介素养是一种能力;第二,这种能力指的是人们对各种媒介和媒介信息的获取、对其进行批判性解读的能力,以及充分利用媒介资源促进个人发展和社会进步的能力；第三，媒介素养是一种公民素养。

　　媒介素养的内容包括：了解基本的媒介知识，了解媒介对公众的影响，培养大众获取、分析、评判和使用媒介信息的能力，培养公民创造和传播媒介信息的能力。由此可以看出，媒介素养的内容主要集中体现两个方面的要求，一是技术层面，另一则是思维层面。技术层面的能力培养包括媒介的使用能力和媒介产品的制作能力，思维层面的能力培养应该包括媒介的认知能力和对媒介信息的认知能力。

　　美国新媒介联合会曾给"新媒体素养"下过一个定义，即"由听觉、视觉及数字素养相互重叠共同构成的一整套能力与技巧，包括对视觉、听觉力量的理解能力，对这种力量的识别与使用能力，对数字媒介的控制与转换能力，对数字内容的普遍性传播能力，以及轻易对数字内容进行再加工的能力，由此可以看出，新媒体素养是媒介素养发展到互联网时代的表现形式，其媒介认知和媒介制作能力都围绕数字化的新媒体展开。

四、新媒体素养对高校学生事务管理者的意义

　　高校学生事务及其管理是学生课外活动和非学术性事务领域所有概念、项目和活动的集合和总称。合理的学生事务管理体制与良性的运行机制不仅是学校快速发展原因的重要组成部分，而且也对校内学生的发展有很大的影响力和感召力。因此，作为高校人才培养的重要力量，学生事务管理者是高校整个系统协调运行的核心组成部分，在高校管理工作中享有特殊且重要的地位。

　　高校学生事务管理的范畴一般被界定为三个方面：一是学生成长辅导，包括学生正确的人生观、价值观、世界观的确立，健康心理与人格的形成，职业生涯规划与就业能力准备，个性素质优化等；二是学生日常校园行为管理，包括校园秩序维护，学生的学习环境管理与课外学习组织，学习效果评价与奖惩，学生班级、社团的领导与组织等；三是学生生活服务，包括学生学业经济资助与助学活动组织，学生住宿管理与学生社区服务等。

　　培养高校教学管理者的新媒体素养，提高他们的新媒体认知能力、新媒体信息获取能力、新媒体信息解读能力和新媒体信息传播能力，是时代提出的重要课题。

（一）新媒体素养是web2.0（第二代互联网）时代高校学生事务管理者获取学生信息的基本要素

　　由于大学生群体是使用新媒体的主要族群，他们的生活方式和学习模式深受新媒体影响，这对每天都在与学生打交道的高校学生事务管理者提出了新的要求，

即提高自己的新媒体素养水平，更好地与学生交流沟通，以保证学生工作有效而顺畅地运行。

（二）新媒体素养是信息化时代高校学生事务管理者进行信息宣传的指导

高校学生事务管理主体对新媒体在高校宣传中的地位和作用的认识，以及对它的了解和运用程度，往往直接影响着整个体制机制的运行。作为高校学生事务管理的重要部门之一，共青团工作的四项基本职能为：组织青年、引领青年、服务青年，维护青少年合法权益，因而承担着大量的宣传工作。研究如何更好地在青年学生中开展宣传教育工作以引领和更好地服务他们是题中应有之义。北京工业大学材料学院分团委深谙在大学生群体中进行信息宣传之道，2011年之前以公共邮箱和QQ群为传播媒介，提供相关学院讲座信息、就业信息和上级精神之类的文件供全体学生浏览和下载，在2011年进行就业工作推进的时候，建立了就业飞信群及就业公邮，招聘信息会以短信和邮件的形式群发给每位毕业生；2011年9月则在中国最具影响力的社交网络平台——人人网建立起公共主页——北工大材料学院学生会。建立之后，有专人管理，通过这个公共主页，管理员通过"人人状态""人人相册""人人日志"等平台功能发布各种同学们需要的信息。其中，不仅包括院校的各种信息、招聘信息，还包括学生会的各种活动近况、同学们的活动图片等，引发了一轮又一轮的围观热潮，对学生工作起到了巨大的推动作用。

（三）新媒体素养是品牌时代高校学生事务管理者形象传播的途径

当今时代，"形象"成为社会发展中的一个核心语汇。形象就是竞争力，形象就是凝聚力，形象就是战斗力，已逐步成为人们的共识。但必须认识到，在高校学生事务管理者形象的塑造中，扎实的行动固然重要，形象的有效传播同样不可忽视。高校学生事务管理者既是学校或学院形象传播的组织者，又是实施者，有时还是直接代言者，这就要求他们必须提高自身的新媒体素养，不断提高对新媒体的认知和使用能力。北京工业大学校团委和学生处在2012年分别创建了"工大青年汇""北京工业大学学生处"新浪官方微博，材料学院学生工作办公室在2012年进行高招宣传的时候，也申请了新浪官方微博并获批，发布学院工作信息及活动通知，微博地址被印在送给前来咨询的家长的小礼物上，产生了很好的宣传效果。

五、高校学生事务管理者新媒体素养培养的对策与实践

（一）加强新媒体学习的必要性宣传

对于新媒体的学习，必须要养成从上到下，一体化的学习氛围。首先是要得到领导的大力支持，并且有积极的响应。上级领导的支持能够带动全体人员对活动的热诚，同时，通过领导干部们的以身作则，也能够使得媒介素养的概念和内涵更好、更快地深入人心。在新媒体学习的必要性宣传上，首先要在新媒体素养对高校学生事务管理者自身的重要作用上开始说起，并结合实例进行宣传。同时，联系高校中的其他主体，例如高校教师和大学生，把对高校学生事务管理者的新媒体素养教育与对教师、学生的新媒体素养教育结合起来，形成整体的、系统化的学习氛围，这样才能够达成较好的上下间的互动，形成一种多层次学习群体。

（二）增加新媒体素养知识的专业培训

新媒体素养知识的专业培训主要涉及对新媒体的认知，对新媒体信息的获取和评判，以及如何使用新媒体服务于高校学生管理工作。应充分利用高等院校的师资、设备等教学资源，开展方式灵活的媒介理论和技能培训，做到分层培训与分级培训相结合、项目培训与长期培训相结合、岗前培训与在职培训相结合、专门培训与校本培训相结合。不断提高教学管理人员的媒介素养，是提高教学管理人员媒介素养的关键。

（三）高校学生事务管理者要重视自我新媒体素养的提升

要树立终身学习的理念，提高自身的媒介敏感力，勇于开拓、大胆创新，自觉地将应用新媒体知识化为学生工作中必不可少的一部分。

（四）开展新媒体素养竞赛活动

定期开展以科室或者部门为单位的新媒体工作成就评比活动。比如，各部门总结在学生工作中使用新媒体的经验和教训，以PPT（演示文稿）形式汇报，或者写成论文结集出版，以供大家更好地进行学习和借鉴。另外，在学生中开展网络知识竞赛、个人网页的交流和评比、网络文学征集等有益的活动的同时，也可以在学生事务管理者中间同时开展这样的活动。这样的话，一方面通过较大规模的学生活动助推，可以提升管理者们参与的热忱，另一方面，在对活动参与中，可以有教学管理者和学生两方面的对比和互动，能够更好地发掘管理者们的潜在新媒体素养。

（五）细化对新媒体素养的管理和评估

加强对学生事务管理人员的指导和协调，切实保证他们的新媒体素养扎实、稳步地提高。加强网络化建设有关政策的研究，在教育资源开发、职称评定等方面制定相应的配套政策，建立有效的评估体系，通过有效的评估手段促进学生事务管理队伍新媒体素养的健康发展。

第三节　新媒体对大学生思想政治教育的积极意义

在高校中运用大学生喜闻乐见的新媒体和大学生交流互动，并对其进行引导、服务，已成为当下思想政治教育工作最为关注的课题。如何积极适应新媒体的发展，如何坚持贴近大学生、贴近校园、贴近实际，运用新媒体打造服务，推进各个新媒体平台的运用；如何在思想新阵地建设方面做出有益的探索和实践，这些都是目前大学生思想政治教育领域面临的突出变化，既充满了挑战也是难得的机遇。

一、新媒体对大学生思想政治教育的挑战

新媒体对大学生思想政治教育带来了众多挑战。首先，新媒体的传播具有开放性，完全打破了时空的限制，各种各样的信息得以迅速地扩散，大学生可在第一时间获取多种资讯，既有国内主流权威的声音，也有民间小道的消息，还有西方的各种文化思潮，都在通过新媒体的途径传播着。很多大学生思想单纯、好奇心强，若无坚定的信念和明辨是非的能力，很可能因此而导致爱国主义思想的淡薄，理想信念的偏差。这加大了大学生思想教育舆论导向的难度，削弱了传统思想政治教育的功能和效果。

其次，新媒体超越了时空的界限，形成了一个虚拟的空间。无论是手机短信、QQ类即时通信、论坛社区还是博客、微博等，都具有较强的虚拟性和匿名性，大多数大学生在这些空间里的交流都以匿名或化名的方式进行，为大学生的行为提供了极大的自由度，使其主体性、创造性得到发挥。但部分大学生心智尚未成熟、辨别力较弱，内容真实性难以保证，言论也得不到规范，容易沉溺于虚拟空间，如网络游戏，部分学生整天沉溺其中，容易造成逃避现实、性格孤僻、丧失自我等问题。

二、新媒体对大学生思想政治教育的机遇和积极意义

新媒体出现的同时也为进一步加强和改进大学生思想政治教育提供了新的思考角度和发展机遇，在大学生思想政治教育中发挥了不可替代的作用。

第一，新媒体有助于凝聚主流、服务大局，也有利于老师帮助学生树立正确的是非观。美国著名未来学家阿尔温·托夫勒曾说："谁掌握了信息、控制了网络，谁就拥有了整个世界"。中共中央、国务院在《关于进一步加强和改进大学生思想政治教育的意见》中强调，各高校要全面加强校园网建设，主动占领网络思想政治教育新阵地，使网络成为弘扬主旋律、开展思想政治教育的重要手段。相较传

统媒体，新媒体有其突出的功能亮点与传播优势，通过运用新媒体的方式，可以更好地构建高校思想教育的工作机制、传播先进的思想和正确的理论，紧跟党的主流思想，服务大局。

辅导员、班主任作为与大学生关系最密切的教育工作者，应把日常深入细致的思想工作与网络教育结合起来，塑造网络权威形象，同时积极培养学生干部意见领袖，发挥舆论引导作用，要善于运用新媒体，针对大学生关注的热点问题，有效导帖、适时跟帖、及时结帖，加强与学生的交流互动，形成积极向上的思想政治教育舆论引导，有效将社会主义核心价值理念转化为大学生的思想意识和行为习惯。

虽然，人们从网上获取信息的方式更加多元化，更加快捷，但是信息却良莠不齐，其中不乏虚假信息。比如，人人网曾经有一个转贴："中国统计局宣布：中国城市人均月收入已突破9000人民币大关，给祖国拖后腿的同学请自觉转发。"紧接着就有数千次转发。后来，有一辅导员留言："经查证统计局并未发布此消息，大家被忽悠喽！"以较为顽皮的口吻，很快地将谣言化解。所以，辅导员、班主任等及时在网络中的出现，不仅可以帮助学生辨识真伪，更可以潜移默化地对学生进行思想引导，帮助学生建立独立思考的思维习惯。

第二，新媒体作为新的传播手段，大大消减了传播的成本，使信息的传播更为迅捷、高效，为大学生与老师沟通、参与学校活动等创建了新的渠道；同时能够在最短的时间内把教育内容迅速传递给受教育者，能够更好地了解学生思想动态、理解学生诉求、加强舆论宣传，有助于及时发现问题并第一时间解决，大大提高了信息的传播效率，从而使高校思想政治教育工作可以突破时空的限制，更直接快捷、更具体深入，提高了实效性，增强了影响力。

学生现在都喜欢将自己的心情随时随刻"晒"在网上。所以，老师和学生干部意见领袖只要上网，就可以第一时间掌握学生动向和心理状态。比如，大一新生同学通常会产生各种学习、心理、生活上的问题，学生工作部门组织建立新生QQ群，对学生进行正确引导、解答疑问、解决问题。新生们还没入校就已经在群里议论了："宿舍几个人住啊？""我听说是六人间。""怎么分专业啊？""随机分的。""啊！专业怎么能随机分呢！""怎么我同学说这学校是三本啊？"看着同学们对学校、学院的各种不了解，甚至是误解，由学生干部骨干组成的学哥学姐意见领袖会给大家详细的解答相关问题，避免新生道听途说给学校声誉带来不良影响，也培养学生独立思考的能力。

第三，新媒体有助于教师树立良好形象，与学生建立亦师亦友的关系。以往教师给人的形象是高高在上、神圣不可侵犯的，和学生是有距离的，但是新媒体的出现打破了这一局面。教师通过开放自己的网络空间等方式，与学生在对等的平台上沟通，拉近了师生之间的距离。比如，刚刚入学时，有位大一新生在QQ群里主动和辅导员主动打招呼说："我身材矮小，普通话又不标准，甚至刚来学校时，连U盘是什么都不知道，被同学嘲笑……"看到这位新生如此自卑困惑，辅导员先没有问她是谁，而是通过鼓励、肯定等方式来对其进行心理辅导。后来，几天的网上交流进行得非常愉快，她才试着对辅导员敞开心扉，告诉辅导员自己是谁，在哪个年级哪个班。90后更加注重自己的隐私，所以愿意通过互联网沟通一些想法，辅导员学会用好网络开展学生思想工作，可以起到事半功倍的效果，提高思想政治教育工作的效率。

三、运用新媒体开展思想政治教育的几点启示

新媒体对大学生思想观念的影响，是高校教育工作者不容忽视的问题。我们有必要双管齐下，将新媒体和传统教育两种方式相互结合，寻求创新，对大学生进行正确引导。

（一）以新旧媒体手段的整合综合运用，构建线上线下联动的工作机制

据传媒蓝皮书《2011年：中国传媒产业发展报告》统计，2010年，我国移动媒体总收入达到1853亿元，网络媒体总收入为648.6亿元，两项综合占中国媒介业总产值的43%。可见，新媒体的蓬勃发展确实大有可为。

新媒体有着极其丰富的共享信息，为开展思想教育工作提供了充足的资源；而新媒体主体的平等性，很容易促进大学生主动参与对话交流。但是在顺应新媒体发展潮流的同时，我们不应忽视传统媒体的功能与作用。事实上，新旧媒体各有所长，亦各有其存在的空间和价值，新旧媒体已经形成了相互融合、相互促进、相互发展的发展态势。通过与旧媒体联动，特别是党刊党报、团刊团报、电视广播等传统媒体获取大学生们的意见建议、思想动态，再结合传统的座谈、讨论、谈心、社会实践等线下活动，对大学生理想信念的树立，道德情操的养成产生良好的效果和积极的影响。由此将新媒体与传统媒体的力量有机整合起来，努力构建线上线下联动的工作机制。

（二）培养学生独立思考能力、自主学习能力

新媒体时代的来临意味着处理信息比记忆信息更重要。不是说我们不需要记忆信息，而是因为我们只有十分有限的大脑"内存"空间。所以，培养学生独立思考能力、提升大学生自主学习能力成为老师的重要工作内容之一。否则，大学生也只是人云亦云，毫无独立的思想而言，甚至在思想上被"奴役"。

（三）加强校园文化建设，校园活动不可缺失

随着新媒体发展，校园思想政治教育也进入了崭新的时代。举办有特色、符合大学生自身发展的活动不可缺少，从大学生的思想、学习和生活实际出发，营造丰富、和谐、稳定的校园文化氛围。学校一方面可以利用传统宣传工具，进行思想政治教育工作，另一方面，运用新媒体对校园文化进行宣传，发挥新媒体在高校学生思想政治教育中的地位和作用。通过学术讲座、辩论演讲、专题新闻、榜样宣传、热点讨论等方式，开展弘扬社会主义主旋律的实践活动，以正面积极的信息不断丰富校园文化内容，净化校园文化传播环境，营造健康向上、活泼生动的校园文化氛围，使新媒体环境下的校园文化实现良性运作。

（四）重视和加快校园网络建设

建立起管理规范、健康向上、反馈及时、服务学生的校园网，是高校网络思想教育平台建设的前提和基础。高校要在人力、物力和财力上对校园网络建设给予大力支持，逐步建立起覆盖师生教育场所、生活场所等区域的网上思想政治教育平台，为网络思想政治教育的全面铺开奠定基础。同时，高校要支持更多的新闻、宣传、文化及党团组织进入网络，运用新媒体技术，整合各部门的信息资源，打造"贴近实际、贴近师生、贴近生活"的融思想性、知识性、趣味性、服务性于一体的思想政治教育专题网站，把网站建设成为信息库、知识库、思想库。

（五）运用新媒体促进老师与大学生有效互动

新媒体技术的创新和进步，提醒高校思想政治教育工作者也要与时俱进，不仅需要学习新技术，树立新观念，更要有创新思维。新媒体的出现，让老师得到了很多便利，但同时也对老师提出了要求。首先，老师要在网络上有一个良好的状态表现，给学生一种阳光、温暖、积极向上的形象，带给学生可亲、可信、可爱的感觉，赢得学生信赖是开始并保持和学生交流的重要的第一步。其次，要积极而且及时地回答学生提出的问题，在回复问题时要注意自己的语气态度，特别是对一些敏感问题，在关注的同时慎重对答。对于一些不清楚的知识概念，一定要查证之后再告知学生。若问题是纯知识性的，不会即说不会，不要不懂装懂，但事后要进行再学习，把尽可能正确的答案告知学生。而最重要的是，当遇到一些严重且有时效性的事件的时候，要在第一时间与学生在现实世界取得联系，不能只一味依靠网络，真实地面对面沟通仍然是最为重要的辅导方式。

总之，大学生正处于世界观、人生观、价值观的可塑期，我们要将新媒体与传统教育方法相结合，双管齐下，在塑造丰富多彩校园文化的同时，合理有效地运用新媒体技术，准确把握大学生成长方向，在工作中强化服务功能，在现有基础上进一步精耕细作，提高新媒体与学生交互的吸引力与凝聚力；充分整合和发

挥各个新媒体平台的优势，做到资源利用合理化、最大化；引导大学生树立正确思想政治观念，使新媒体成为塑造大学生正确人生观、价值观的平台。

第四节 新媒体时代给大学生思想政治教育带来的机遇与挑战

在新媒体时代，互联网络正以前所未有的速度向社会的各个领域延伸，而高校校园已成为我国互联网用户最密集的区域之一。网络所传递的信息对大学生政治思想、情感、品质及心理等方面的影响日益深远。这种影响是极其复杂的，既有积极的正面的影响，也有不可忽视的消极影响。相应地，网络的迅速发展既给大学生思想政治教育带来了新的机遇，同时也为传统的思想政治教育方法及内容提出了严峻的新挑战。主要是大学生思想政治教育主体问题、教育方式问题、教育内容问题和教育创新问题等等。因此，我们要全面地分析新媒体时代对大学生思想政治教育的影响，积极探讨大学生思想政治教育的对策创新，抓住新媒体为大学生思想政治教育带来的机遇，积极应对它所带来的新挑战，努力提高当代大学生思想政治教育水平。随着互联网络应用的迅速普及，以网络参与为代表的新媒体已经影响了当代大学生学习、生活及思想行为的方方面面。那么，大学生自己对此又是如何认识的呢？相关调查研究结果表明：在新媒体时代，大学生们对网络媒体为大学生所带来的影响持肯定态度者为多数；但其负面影响也是客观存在的，不容忽视。

第一部分：大学生思想政治教育在新媒体时代迎来新机遇

2011年7月23日晚20点，温州动车追尾脱轨事故发生。在事故发生前7分钟，温州当地的一个居民用微博发出动车行驶缓慢的消息；事故发生4分钟后，车厢内的乘客"袁小芫"用微博发出第一条消息，称动车紧急停车并停电，还有两次很强烈的撞击；事故发生13分钟后，乘客"羊圈圈羊"发出第一条求助微博，短时间内该微博转发量突破10万，2小时后该名网友被救；事故发生2小时后，官方在微博上发布献血号召，短时间内上千名微博网友前往血站献血。一名网友发布的血站实况，很短时间内转发量突破10万。

我们为此次重大事故痛心哀叹之余，同时也很明显地感受到了网络为人类的生活所带来的神奇速度和便捷性，也着实让人们领略到了新媒体的威力所在。由此可见，新媒体蕴藏着无比的能量，思想政治教育的方式与载体也获得了提升和创新，为思想政治教育的发展提供了前所未有的机遇。

一、拓展了教育的形式

长期以来，高校开展大学生思想政治教育的基本形式是以课堂教学为主，辅助以座谈、讨论、谈心、社会实践等，这在时空上存在着很大的局限性与限制性。在新媒体时代，思想政治教育可以不受以往的那些局限性和限制性，而是突破了这些不足，通过专门的网络资源，如网站、网页、视频或信息报道等链接，受教育者可以方便快捷地上网浏览、阅读大量的信息。为了帮助大学生形成正确的思想意识，可以在网上尽量多地发布正面信息，感染和鼓励大学生，进而达到引导的目的。通过网络便捷的交流，还能及时掌握大学生的思想状况。手机媒体、BBS等方式的开通，使交流打破了时空的限制，即时的学习交流和讨论时事，丰富了学习和生活的内容，也更有利于情感的建立。信息的集成性和双向性，信息的可选择性和便捷性是网络所特有的。高校思想政治教育工作与之相结合，就为大学生的思想政治教育提供了一个极具特色的环境。手机通信的及时快捷也为教育提供了更多的形式和方法，从而让传统的教育形式变得更为多样化，更具合理性，更为快捷性。因此，借助新媒体技术，必将有力地丰富大学生思想政治教育的形式，增强大学生思想政治教育的实效性。

二、丰富了教育的内容

以网络为代表的新媒体是当代大学生思想政治教育的一种新的载体形式，丰富了思想政治教育的内容，拓宽了思想政治教育的途径，使传统的大学生思想政治教育内容的定义发生了改变。首先，网络是信息量大、覆盖面广的新媒体，使思想政治教育的内容更丰富多彩，也使教育者和被教育者都有了很好的选择性。通过一根网线，一个计算机终端，就能达到不出门而知天下事的理想效果，更能通过形象的、直观的、生动的动态信息调动并激发学生的好奇心和强烈的求知欲，达到更好的信息收集、传达、接收和吸收的效果。其次，新媒体也提升了教育者的学识。教育者也是互联网、手机、多媒体技术等的受益者，便于他们以丰富而全面的知识来承载内在的思想政治教育内容。思想政治教育网站能够提供全新的、更具有针对性的关于大学生思想政治教育方面的信息，对思想政治教育者和受教育者均具有十分强烈的吸引力。不论从内容上，或者是形式上，新媒体都能使传统的思想政治教育内容更加丰富。

三、促进了教育的互动

在网络交往中，交往对象的社会角色往往都是虚拟的，交往对象之间不存在什么心理上的负担。角色虚拟使交往者能够保持相对平等的心态，无直接利害关系冲突的交往位置，有利于交流的双方建立宽松的人际关系。因此，在思想感情的传达上，交往者可以直抒胸臆，容易达到思想上的共鸣，并触及交流的较深层次。同时，网络上的角色也是可以变换的。在浏览网页、选择及吸收各种思想政治教育信息时，参与者是以受教育者的身份出现的，而在参与网络上的各种信息的制作、发布等网络实践活动中，交流者将自己的思想、观点、看法，以及信息传播出去的同时，参与者就又成为教育者。因此，依托以网络为主的新媒体在实施思想政治教育时，教育者与受教育者双方都能较好地发挥其主体性。这样便十分有利于教育的互动。

四、提高了教育的效率

传统的媒体信息传递的速度较慢，思想政治教育的内容不能及时有效地传送给受教育者，导致教育的效率不高。而互联网、手机短信、手机网络等新媒体形式在信息传播方面就显得十分迅速。使用者可以在任何时间甚至任何地点浏览和查看任何关于思想政治教育的有益信息，而教育者同样可以以此方式及时地把思想政治教育的内容传送到每一位受教育者的手中。例如，可以把大学生思想政治教育理论课的课件、讲义、案例分析、讨论题等发布到校园网上、班级QQ群里、校园BBS上等，让教师与学生们展开讨论，从而使思想政治教育课程的思想、内容从课堂上延伸到网络内，从课内延伸到课外，充分调动大学生学习思想政治理论的积极性，增强教学效果。此外，大学生思想政治教育的专门网站还能够实现信息内容在组织上的超文本链接功能，在阅读电子化的理论著作中，任何一个概念、一个事件、一个人物、一部著作等都可以通过超文本链接而及时找到与之相对的非常详细的资料，供学生参考，满足学生在学习过程中查阅资料的需要。这不仅极大地提高了大学生思想政治教育理论学习的效率，而且还增强了思想政治教育理论学习的全面性、综合性及现代性。

第二部分：大学生思想政治教育在新媒体时代面临的新挑战

在新媒体飞速发展的崭新时代，当代高校大学生思想政治教育面临的机遇与挑战并重，以信息技术为依托，新媒体的进步全面推动了政治、经济、社会、文化等领域的纵向发展，但同时也为当代高校大学生思想政治教育带来了一系列严峻挑战。作为新媒体强有力代表的互联网，是20世纪人类最伟大的科技发明之一。在我们享受方便快捷的同时，也引发了诸多社会问题。

一、新媒体环境增加了大学生思想政治教育的难度

新媒体技术就像一把"双刃剑"。它推动了社会的发展，为大学生思想政治教

育带来新的机遇，但作为一种新生事物，其本身仍存在着很多失范的地方。比如网络暴力、"人肉搜索"等，使新媒体表现出不健康的特征。不良短信、手机色情网站大行其道，对大学生造成不良影响，严重影响了大学生思想政治教育的大环境，增加了大学生思想政治教育的难度。

网络媒体方面，互联网的飞速发展在带来传播自由与便利的同时，也导致了大量虚假信息、不良信息和非法内容在网上的传播，侵犯公民名誉和知识产权、诈骗公民财产、传播病毒和淫秽图像、发表反动言论等网络犯罪行为屡见不鲜。此外，"网络文化霸权主义"也越来越活跃泛滥。互联网的开放性和全球化为知识霸权、文化帝国主义的蔓延提供了土壤。相对传统媒体环境下的文化样式，网络文化与计算机相连，以数字化为技术载体，由于脱离了疆域的阻隔和时间的羁绊，加之贴上了"自由、民主、人权"的标签，使其有了更大的隐蔽性、强制性和工具性。"霸权主义者"通过互联网在思想和文化方面向其他国进行渗透，将本国的意识形态和价值观念强加给其他国家，进行文化侵略。近年来，我国一旦有负面新闻事件发生，就有一些外国媒体通过网络打着捍卫"人权"的旗号大肆渲染，散播不实言论，歪曲了部分民众及大学生群体中的小部分人对事实真相的认识，更有甚者，还拍摄了所谓的纪实片，用电影手法煽情渲染。可以想象，如果这种电影一旦透过网络流入中国，被部分缺乏判断力、价值观尚未成型的大学生所接触，则必将造成他们认知上的混淆，极大冲击大学生思想政治教育工作。

手机媒体在彰显自身有别于传统媒体的独特魅力时，也不可避免地会冲击大学生思想政治教育，其中以不良手机短信的散播最为典型。由于手机短信可强制传播的特点，一些有害信息找到了方便之门，各种违法犯罪、不良内容的传播也找到了畅通无阻的渠道，信息往往不加控制地被到处传播，导致手机短信内容良莠不齐。反党反社会、迷信、色情、暴力等五花八门的不良信息成为手机媒体的"病毒"，让人们防不胜防。特别值得注意的是，手机短信文化作为受年轻人尤其是大学生欢迎的一种新潮文化，更能影响到他们，冲击他们的价值取向、道德观念。

大学生思想政治教育的内容包括世界观、人生观、价值观，以及政治、道德与法制观念的教育。中共中央、国务院《关于进一步加强和改进大学生思想政治教育的意见》提出，当前大学生思想政治教育的主要任务之一便是"以理想信念教育为核心，深入进行树立正确的世界观、人生观和价值观教育"。而新媒体时代下，校园信息传播失去了时间空间的屏障，信息发布的自由化程度加深，这便给了诸多腐朽落后的非主流思想文化以可乘之机。这些思想文化打着反马列主义、反社会主义的旗号，利用新媒体的平台疯狂传播，妄图扭曲大学生三观，给当前大学生思想政治教育带来了许多严峻的新挑战。透过新媒体传播的消极信息复杂多变，可控性较弱，极易对大学生的道德认知及理想观念形成渗透，并由此令高校思想政治教育的许多前期工作变得劳而无功。消极的新媒体信息一次又一次地冲击着大学生的道德与心灵，一次又一次地将大学生推向虚拟王国的狂欢"毒池"。新媒体传播的负面信息，不仅增加了思想政治教育引导工作的难度，同时也抵消了传统思想政治教育的部分效果，从而给高校思想政治教育者鸣响了警笛。

二、新媒体环境使大学生的舆论、独立思考能力等受到了影响

毋庸置疑，作为知识水平较高、接受能力强的年轻群体，大学生享受到新媒体所带来的种种方便、好处，但这是否意味着大学生已完全拥有驾驭新媒体、能够使用而规避其不良影响的能力呢？答案是否定的，由于新媒体本身传播特征和所承载的海量信息，新媒体对大学生至少产生以下三个方面的潜在负面影响。

首先，舆论被同化。新媒体技术所带来的是传播内容全球化，意识形态全球化，但是，这种全球化并非双向，而是单向的。在新媒体舆论格局中，中心与边缘是非对称的，当面对海量信息特别是面临重大问题，如国际相关事务问题时，学生们所持意见和价值取向日趋相似，甚至出现舆论同化的迹象。这是因为在新媒体传播环境下，大学生的日常生活及其学习活动处处与媒介尤其新媒体有关，有意无意地受到垄断媒介制造的舆论所控制。从大的方面来讲，目前全球每个国家的新闻媒介都可以算作全球新闻体系的一部分，但大部分国家的媒体只能是地方性或全国性媒体，不能成为真正意义上的全球新闻媒体。那么，控制舆论并促使舆论同化的只能是西方国家跨国垄断媒体，而这些西方国家跨国垄断媒体凭借其技术优势和市场威力，将触角伸向全球各个角落，试图使全球舆论传播摆脱主权国家的烙印，使其"具有全球化视野"，但事实上只是将文化霸权和意识形态强制输出披上美丽的外套。

其次，独立思考能力被削弱。新媒体给人类带来前所未有的信息爆炸，竞争激烈的新闻门户，形形色色的主题论坛，功能强大的搜索引擎。生存在这种环境中的大学生已经被淹没在信息海洋中，不断频繁地接受新思想、新观点，此刻冲击内心的想法下一刻马上被另一种新奇事物所替代，总是在接受信息过程中应接不暇、走马观花，阅读习惯越来越浅化。此外，海量信息也为"拿来主义"的滋生创造了条件，海量信息逐渐改变着学生的知识结构，改变着学生观察的方法和思考过程，逐渐削弱学生的理性分析和判断能力，挤压了学生独立思考的时间和空间。

最后，娱乐主义大行其道。新媒体的市场化、产业化和全球化趋势使媒介将受众作为消费者来捕获。而在媒介世界中，消费主义被追捧为圣经，为了实现利润最大化，占领最大限度的市场，获取最大的消费群体，一切目标于受众，受众

需要什么就提供什么。在这种情况下，新媒体的传播内容出现良莠不齐的现象，如黄、赌、毒等有害信息严重危害广大青少年和大学生群体。各种形式新颖的游戏使得大学生沉溺于其中从而荒废学业，各种低俗的新媒体流行用语充斥于大学生日常交往。媒介商业模式作为现代新媒体的新兴模式，正给大学生带来被捕获、被俘虏而不能自拔的陷阱。

三、新媒体容易引发大学生人际信任危机及人格障碍

手机短信、互联网、移动电视、数字广播等新媒体形式都带有很强的互动性与虚拟性，在新媒体的平台上，大学生们以"隐姓埋名"的方式进行交流，角色的虚拟性与交流的间接性使他们卸下责任感的负担，因而他们的言论也就无所禁忌，也无须为自己言论的真实性负责，更有甚者还不知所谓地对虚假言论给予了充分认可。虚拟世界的这种人际信任危机可能直接导致大学生在现实生活中的人际交往偏差，忽视自身真诚性，对他人真诚性产生质疑，从而阻滞其社会人际关系的良性发展。最后，一旦大学生在新媒体平台上的异于现实的表现得到固化，虚拟人格与现实人格频频更替，就可能引致心理危机，甚至引发双重或多重人格障碍。

四、新媒体发展凸显现有思想政治教育滞后性

当代大学生思想政治教育面临着崭新的新媒体时代背景，新媒体信息技术的迅猛发展，模糊了真实社会与虚拟社会的界限，过于直接的认知方式从根本上改变了人们的认知体系，青年大学生的独立性认知在不知不觉中被剥夺，他们被动地接受了"虚拟时空"形式的存在，并渐渐迷失了自我理性。然而，面对新媒体的这种挑战，现有大学生思想政治教育的发展速度却远远跟不上新媒体时代的步伐，由于相关理论实践研究缺乏前瞻性，当代大学生思想政治教育的教育环境、教育制度、教育理念、教育形式等维度已严重滞后，从而导致当代高校现有的思想政治教育形式已经受到严峻的挑战。

五、新媒体环境使教师的主体地位等受到了影响

首先，新媒体在某种程度上致使少部分教育者对马克思主义、社会主义、共产主义的理想信念和集体主义价值观有所淡化。在中共中央、国务院《关于进一步加强和改进大学生思想政治教育的意见》中，提出大学生思想政治教育的主要任务是："以理想信念教育为核心，深入进行树立正确的世界观、人生观和价值观教育。要坚持不懈地用马克思列宁主义、毛泽东思想、邓小平理论和'三个代表'重要思想武装大学生"；使大学生"确立在中国共产党领导下走中国特色社会主义

道路、实现中华民族伟大复兴的共同理想和坚定信念"。完成这些任务和目标，关键在于大学生思想政治教育工作者首先要树立走中国特色社会主义道路、实现中华民族伟大复兴的共同理想和坚定信念。而新媒体传播中所夹杂的大量的西方国家政治观、利益观、思维模式、生活方式等对部分教育工作者尤其是年轻一代教育工作者影响较大，少部分人对马克思主义、社会主义、共产主义的理想信念和集体主义价值观有所淡化。这种负面思想、情绪一旦被带入日常工作，无疑会影响大学生思想政治教育。

其次，新媒体对教育者的业务水平提出了更高的要求。新媒体对思想政治工作者来说，既是机遇，也是挑战。新媒体环境下的大学生思想政治教育必然会遇到前所未有的新矛盾、新困难，教育者在提升业务水平方面面临着更大的压力。据2010年对北京思想政治理论课任教老师的调查结果显示，虽然大部分教师已经能较为熟练地使用网络资源，但很少使用网络资源的教师仍占总比例的10%；在获取信息能力的自我评价方面，4%的老师表示很吃力，无法找到所需资源，不会使用辅助工具，28%的教师只知道百度、谷歌等一些简单的资源获取方法，而且资源获取花费时间较长，仅28%的教师表示基本掌握多种查询方法，能熟练获取所需资源。面对学习使用新媒体的压力，一些教师尤其是老教师表示束手无策，不知所措，进而唉声叹气，怨天尤人，甚至产生自卑心理。

此外，新媒体使教育者的主体地位有所动摇。在新媒体环境下，信息传播的开放性和信息主体的多样性使得信息掌握的权利越来越均等，教育工作者的信息和技术优势不再明显。通过新媒体，学生可以收看大师学术讲座、名家论坛，通过数据库检索，学生可以查询关注各学科领域最新学术动态和下载种类齐全的电子书，甚至，英语好的同学还可以通过高校IPV6网络高速下载收看哈佛、耶鲁、伯克利、剑桥等世界一流名校诸多课程视频；各学科课程的教学备案、PPT课件也是一应俱全；教育者不再是提供教育信息的主导者，主体地位受到一定冲击。

六、新媒体对大学生思想政治教育者的媒体素养提出时代要求

新媒体是大学校园的信息化平台，大学生思想政治教育者不仅应对新媒体熟练掌握，还需懂得如何创新运用，因为这将直接关系到大学生在接受思想政治教育过程中对新媒体的了解、使用和发展。新媒体时代的大学生对新生事物往往有着强烈的好奇心和天然的认同感，这使他们成为新媒体首批接受者、使用者及推广者，而思想政治教育者则相对处于信息天平的另一端。在过去较封闭的条件下，他们活动的范围有限，视野、思维难免局限于比较狭隘的时空。就当前的情况而言，他们对新鲜事物的敏锐性不够，缺乏新媒体技术意识，网络技术水平不足，观念更新略滞后于学生发展的需要，甚至部分教师对网络等的熟悉程度还不如学

生。因此，高校迫切需要努力建设一支思想水平高、网络业务水平强、熟悉学生特点的网络教育者专业队伍。换言之，新媒体时代对思想政治教育者的媒体素养提出了全新要求，提高新媒体素养将是提升大学生思想政治教育水平的关键要义。

中央相关领导同志早在2007年就已高度重视新媒体的发展，特别提出了加强大学生思想政治教育的要求。时任教育部党组成员、副部长的李卫红于2009年召开的"网络新媒体条件下高校思想政治教育工作研讨会"上曾提出，高校思想政治教育工作要充分关注网络新媒体的影响，主动研究、积极利用网络新媒体为思想政治教育和学校稳定工作服务，不断丰富工作的新手段，开拓育人的新空间。为此，必须充分利用新媒体技术把挑战转化为机遇，以积极的态度和创新的精神进一步做好大学生思想政治教育工作。

综上所述，在新媒体时代，互联网已经成为思想文化信息的集散地及社会舆论的放大器。新媒体对大学生思想政治教育的影响是一把"双刃剑"：一方面在丰富资源、增强自主性、提高效率和增强效果方面，为大学生思想政治教育创造了良好的机遇；另一方面给大学生思想政治教育的控制力、辨别力、引导力和主导力提出了新的挑战。为此，全面分析新媒体时代对大学生思想政治教育的影响，积极探讨大学生思想政治教育的对策创新，将有助于提升当代大学生思想政治教育的整体水平，增强大学生思想政治教育的实效性。

第三部分：新媒体环境下加强和改进大学生思想政治教育的重大意义

如上所述，新媒体给大学生思想政治教育带来了新的挑战，因此，加强和改进新环境下的大学生思想政治教育则显得意义重大。它既是实现大学生思想政治教育创新的迫切需要，也是增强大学生思想政治教育时效的根本保障，同时，还是完善大学生思想政治教育内容的重要举措。

一、新媒体环境下加强和改进大学生思想政治教育，是实现思想政治教育创新的迫切需要

"网络技术等现代传媒技术的发展，给大学生的生活、学习和思维方式带来了深刻的影响。这既给高校思想政治教育工作带来了机遇，也带来了挑战。要根据大学生接受信息途径发生的新变化，全面加强校园网建设，善于运用互联网等现代传媒，把思想政治教育的内容有机融入其中，开展生动活泼的网络思想政治教育活动，增强网络思想政治教育的吸引力和感染力，形成网络思想政治教育体系，牢牢把握思想政治教育的主动权。"这段讲话为以网络为主要代表的新媒体环境下的大学生思想政治教育指明了方向，也提出了新的要求。如何从传播学的角度，运用传播学原理对新媒体环境下的大学生思想政治教育进行分析和研究，这是一次新的尝试和探索，通过与不同学科的相互渗透交叉、相互借鉴启发，从而有利

于大学生思想政治教育的不断发展和创新。

二、新媒体环境下加强和改进大学生思想政治教育，是增强大学生思想政治教育实效的有力保障

习近平同志曾经指出，面对新形势新情况，思想政治工作在继承和发扬优良传统的基础上，必须在内容、形式、方法、手段、机制等方面努力进行创新和改进，特别要在增强时代感，加强针对性、时效性、主动性上下功夫。这将成为今后加强和改进思想政治教育工作的重点。从某种意义上来讲，人类的教育过程可以看作是一种广义上的信息传播和通信过程，而思想政治教育也是一种信息获取、选择和传播的过程。由于新媒体也有输入、存储、传播和教化的功能特性，与思想政治教育传播信息、接受信息、内化信息和外化信息的过程具有一致性。另外，新媒体可以把思想政治教育的教育者和受教育者连接起来，使教育者和受教育者通过新媒体进行双向互动，其信息传播过程同样是"教育者—交流沟通—教育对象—信息反馈—教育者"这个思想政治教育的基本环节。同时，新媒体本身开放性、平等性、交互性、及时性和多媒体性等优势特点有利于思想政治教育的信息传播和教育者、受教育者双方的交流沟通。因此，通过研究如何充分利用新媒体的优势传播特性来开展思想政治教育，有利于提高大学生思想政治教育的时效性。

三、新媒体环境下加强和改进大学生思想政治教育，是完善大学生思想政治教育内容的重大举措

习近平总书记强调，做好网上舆论工作是一项长期任务，要创新改进网上宣传，运用网络传播规律，弘扬主旋律，激发正能量，大力培育和践行社会主义核心价值观，把握好网上舆论引导的时、度、效，使网络空间清朗起来。新媒体环境下的大学生思想政治教育除了应包含思想教育、政治教育、道德教育等传统内容外，最大的特点是还应囊括媒介素养教育。所谓媒介素养，是指"人们获取、分析、评判和传播各种媒介信息的能力，以及使用各种媒介信息服务于个人的工作和生活的能力""人们对各种媒介信息的解读和批判能力，以及使用媒介信息为个人生活、社会发展所用的能力"。这是信息化社会中教育对象必须具备的一项基本技能，也是大学生综合素质的一个重要体现。在新媒体环境下，信息或知识已经成为社会生产力的重要组成部分，给处在经济尚不发达地区或条件尚不优越的单位和个人的教育带来了福音。新媒体信息技术的本质越来越明确地告诉我们：成功的关键在于有效组织和利用信息，而不是在形式上拥有、收集或储藏信息。只要着力抓住信息教育的关键，不断促进思想政治教育信息化的发展和完善，就一定能更好地发挥新媒体在思想政治教育中的作用。因此，对大学生开展必要的媒介素养教育必然将成为新媒体环境下大学生思想政治教育的一个重要任务，这

也是新媒体环境下大学生思想政治教育区别于传统思想政治教育的一个重要方面。

第五节 新媒体环境下加强和改进大学生思想政治教育的对策思考

加强和改进新媒体环境下的大学生思想政治教育，应遵循渗透原则、开放原则、法制原则和正面引导原则。注意利用新媒体创新大学生思想政治教育手段，加强大学生思想政治教育工作者队伍建设，开展媒介素养教育，增强大学生媒介免疫力。

第一部分：结合新媒体特点，坚持思想政治教育科学性原则

新媒体环境下加强和改进大学生思想政治教育的基本原则是思想政治教育者在思想政治教育原理和规律的指导下，为实现思想政治教育目的，开展思想政治教育活动过程中所要遵循的准则。它贯穿于整个教育全过程，是指导新媒体环境下思想政治教育各种对策的理论依据。为了使大学生思想政治教育在新的环境下取得良好效果，主要应把握以下几方面的原则。

一、渗透原则

新媒体作为一种现代化的信息平台，具有巨大吸引力。在自由开放的媒介文化空间中，大学生可以自主进行判断、选择，自由获取信息、传播信息，他们的现代社会意识、法制道德意识、民主意识日益增强。相关心理学研究也表明：当信息传递的诱导性过于明显、强度过大时，受众就会感到选择自由被限制，进而引发对该类信息的抵触和排斥。因此，单纯采取传统填鸭式的单向灌输方法很容易引起教育对象的反感和厌倦，使教育对象产生逆反心理和对抗情绪，直接影响思想政治教育的效果。所以，在显性教育课程之余的日常大学生思想政治教育工作中，教育者必须坚持渗透性原则，充分利用新媒体的隐蔽性、虚拟性、互动性特点，尽量隐匿自身的教育者身份和教育目的，淡化教育色彩，消除教育对象的逆反心理和抵触情绪，采取疏导的方法，诱导其敞开心扉，自由表达自己见解，坦诚抒发自己的思想与情感，从而在潜移默化的过程中帮助教育对象明辨是非，树立科学的世界观、人生观和价值观。

二、开放原则

由于新媒体信息传播具有开放性特点，新时期的大学生思想政治教育理应顺应时代发展的要求，主动更新自身思想观念，努力摆脱陈旧思维方式的束缚，以开放的心态开展教育工作。开放原则应包含有两层含义：首先是新媒体资源的开放。新媒体给人们提供了可以共享的、丰富的信息资源，极大方便了大学生的学习生活；但新媒体信息传播过程中也夹杂了大量的虚假信息、垃圾信息，以及很多色情、犯罪信息，这些负面信息对大学生的身心和思想产生了巨大的冲击，极大腐化了部分大学生的思想。面对这种情况，大学生思想政治教育工作不能因为信息的复杂而封闭保守，而应该扩大教育资源的开放程度，通过提供吸引力强的、积极的教育资源，为大学生提供分析、判断各种信息的资料，坚定社会主义信念和共产主义理想，促使思想政治教育工作的有效开展；第二是新媒体环境的开放。新环境下的大学生思想政治教育活动中，由于教育主客体具有交互性，这就要求思想政治教育环境的开放，使得教育主客体能够自由平等地进行交流。因此，教育者要创造开放的教育环境，营造民主平等的氛围，通过自由平等的对话，加强与学生之间的思想交流和情感交流，提高思想政治教育的实效性。

三、法制原则

随着新媒体的迅速发展，各种利用新媒体的新型犯罪行为日益增多。这既反映了我国相关方面立法滞后，也说明我国民众相关方面法律意识的淡薄。这就要求在对大学生进行思想政治教育过程中，坚持法制性原则，不断加强对大学生的相关法制教育，提高大学生的新媒体使用法制意识。将新媒体法律法规纳入教学计划中，综合运用新媒体法律知识竞赛、法律知识演讲比赛、法律知识社会调查等形式，加强对大学生的新媒体法律法规教育，促进大学生新媒体法制意识的形成，加强对大学生的管理，如可以建立网络信息反馈渠道和信息监控系统，若发现有违反网上道德与法规的现象，及时教育和处理，以规范大学生在新媒体空间里的言行。

四、正面引导性原则

坚持正面引导就是要使符合社会发展要求的正向言论充分累积与共鸣，用正向舆论压制负面舆论的噪声，用科学的精神、理性的探讨指引大学生群体。坚持正面引导的原则是实现新媒体信息舆论控制的重要内容。譬如，在广受大学生欢迎的博客传播中，虽然从整体的外在形式上看信息传递的自由性加强，把关理论受到强大冲击，但实际上博客的微观把关机制仍然存在，当前中国的博客使用者仍然主要通过博客网站进入和浏览博客内容，这样教育者就可以通过根据社会热点设计引导议题、培养博客用户群中的意见领袖等做法，达到对博客网站的微观把关和议程设置优化的目的。

五、方向性原则

所谓方向型原则,是指在思想政治教育过程中,坚持以马列主义、毛泽东思想、邓小平理论、"三个代表"重要思想和科学发展观为指导,按照完善人、发展人的总目标,在思想道德修养上为教育对象指明方向,使社会主义思想道德成为激励他们进行道德活动的精神力量。思想政治教育的方向性是由教育的阶级性所决定的。任何一个阶级社会都要求教育者按照本阶级的利益原则和价值取向确定自己的思想政治教育目标。我国思想政治教育的目标是:培养学生遵守社会公德、公民道德和良好的社会主义思想道德品质,塑造社会主义理想人格,引导正确的道德实践活动,树立以国家、人民和集体利益为重的集体主义精神,提倡大公无私、毫不利己、专门利人的共产主义思想道德品质。

第二部分:开展媒介素养教育,增强大学生媒介免疫力

新媒体互动性、移动性强和自主个性化的信息服务特点深刻影响了大学生的成长和发展,影响了他们的生活、学习、交往方式和思想政治观念的形成,成为大学生认识社会、认识世界的重要渠道。但同时新媒体环境下衍生的信息污染、信息爆炸和信息侵略所导致的大学生舆论逐渐被同化、独立思考判断能力不断下降、沉浸于低俗娱乐文化给大学生思想政治教育带来严峻的挑战。适应信息环境的变化,归根到底需要加强对大学生媒介素养能力的培养。

媒介素养包括人们对各式各样的媒介信息的解读能力。除了基本的听说读写能力之外,还有批判性地观看、收听并解读影视、广播、网络、报纸、杂志、广告等媒介所传播的各种信息的能力,以及使用宽泛的信息技术来制作各种信息的能力。媒介素养是一个素质概念,它的宗旨是使大众成为积极善用媒体、制造媒体产品、对无所不在的信息有主体意识和独立思考的优质公民。提高大学生的媒介素养,建立起积极有效的、对信息批判接收的反应模式,使大学生在汹涌而来的各种新媒介信息面前不迷航,提高对各种负面信息的免疫能力,学会有效利用新媒体帮助自己成长进步,是大学生媒介素养教育的根本目的。实现这个目的,可尝试采取以下举措。

一、帮助大学生增强对传播媒介影响的认识

只有正确认识传播媒介对大学生的影响,深刻认识媒介影响的根本原因和途径,才能更加有针对性地实施教育。研究调查表明,许多人对传播媒介的作用、性质、影响有不同程度的错误认识。他们往往容易走两个极端,就是夸大或忽视传播媒介的影响。在很多情况下,媒介的影响是与个人原有的认知结构、态度、

个性、价值观和生活环境密切相关的。也就是说，原有的生活经验决定了他们的媒介兴趣和媒介选择，在社会环境的影响下，接受或改变了一些原先的知识、社会规范和行为规范。媒介影响其实是媒介传播和个人因素共同作用的结果。它的影响不是直接的、即时的，而是间接的、长期的、潜移默化的。如果能充分估计到各种因素的作用，就会在一定程度上解除对媒介的戒备状态。同时，大学生在接触媒介时，不是被动的接受者，他们登录各类网站或查阅各类信息常常处于某种"媒介需要"。接触媒介主要是为了满足交往需要，忘记烦恼并摆脱生活压力的需要，消磨时间的需要，刺激情绪的娱乐需要及学习需要等。譬如，与不上网的人比，上网的人在下列媒介需求表现出更强烈的倾向：发现自己需要的信息、认识自己崇拜的人并与他们通信联络、扮演与现实不同的新角色、课外学习或研究感兴趣的问题、感受新鲜刺激等。这些需要都是在个人所处生活环境影响下，在与媒介交互作用中产生的。生活在不同环境下，有了不同的媒介需要和接触经验，就会选择不同的媒介及不同的媒介内容来满足自己，进而产生了不同的媒介影响。

二、引导大学生提高对媒介的批判与鉴赏能力以及创造与传播信息能力

首先，引导大学生掌握一些媒介知识。这些知识应包括两个方面，一是应该了解媒介信息不都是客观事实，它是经过对现实加工制作出来的，是基于现实生活的，但绝对不等同于现实生活；另外，应该了解自己的现实生活才是最重要的，媒介所营造出来的生活可以作为一种参考，也可以作为将来发展的可能性之一，但绝对不能代替自己的生活。

其次，引导大学生对现有的媒介内容进行解构分析。譬如，随着互联网媒体使用的增多，网站正逐渐成为受欢迎的教育资源，然而，并非每个站点的资源都是好的，那么，如何决定一个站点是否值得使用呢？我们可以从网站的技术、目的、内容、发起者、实用功能、设计等方面去评价一个网站的权威性和可靠性，看该站点是否提供了解决问题所需要的信息。建构主义认为，知识是学习者在一定的情境即社会文化背景下，利用必要的学习资料和他人的帮助，通过意义建构的方式获得的。学习者要成为意义的主动建构者，就要主动搜集、分析相关资料和信息，对所学习的问题提出各种假设，并努力加以验证。

三、发挥课堂教育在媒介素养教育中的主渠道作用

学校是大学生最主要的活动场所，在学校教育中发展系列媒介素养教育课程，对大学生进行系统的媒介素养教育，是提高大学生媒介素养的主要途径。

首先，应当确立大学生媒介素养的教学目标与大纲。目前，学界认为媒介素养主要应包含对媒体认知、情绪、美学、道德四方面的知识与能力，简单地说，

认知是一切与媒体有关议题的基本认识与了解，例如，媒介与广告商的关系，及媒介的把关与议题设定功能等特性，情绪是个人对媒体的摄入与精神层次的影响，美学是对媒体使用科技与制码等方面的认识，道德是从批判的角度来看待媒体。大学生媒介素养教育应当将这几个方面有机融合在一起。

其次，注意教育方式方法。媒介素养教育所传递的知识观念与一般学科有所不同，它需要以活泼的教学方式来吸引学生亲自参与，这就需要教育者跳出传统教学授课模式，在教学方法上不断创新。通过游戏或者实际制作的过程促进学生的思考、自省；通过典型示范的做法推动学生的自律；通过交流、对话实现与学生进行深层次地沟通。

最后，积极借鉴国外成功经验。媒介素养教育在国外开展得较早，已形成了一定的模式，取得了令人瞩目的成绩，教育者在开展媒介素养教育的过程中要注意在各个环节中借鉴外国媒介素养教育的成功经验，并将之与我国目前媒介素养教育所面临的实际现状结合起来，以开创有我国特色的媒介素养教育模式。

第三部分：新媒体时代大学生思想政治教育的方法创新

加强和改进大学生思想政治教育，是事关国家前途和民族命运的战略工程。在信息化条件和市场经济环境中，新传媒的发展和扩张深刻影响和改变着当代大学生的思想观念、价值取向和行为方式等，制约着大学生思想政治工作的实效。推进大学生思想政治教育新传媒载体优化创新，发展与新传媒载体相适应的教育方法，积极应对新媒体发展变化带来的新机遇、新挑战，是推进思想政治建设创新发展的重要措施。

一、新媒体在大学生思想政治教育中的优势

1. 为大学生的思想政治工作提供了新的载体和平台

新媒体技术信息容量大、资源丰富、传输快捷、交互性强、覆盖面广，与传统媒体技术相比有着根本性的跨越。新媒体技术尤其是网络已经成为现在大学生生活和学习方式的一部分，这就意味着它自然而然地成为大学生思想政治工作的重要方法和途径。有调查表明，现今有超过87%的大学生遇到生活难题的第一求助对象是搜索引擎——百度。目前，很多高校通过新媒体技术对学生进行思想政治教育，已卓有成效。

2. 增强思想政治教育方式方法的灵活性

传统的大学生思想政治教育模式具有较强的单向性特征，而新媒体条件下的大学生思想政治教育工作是双向、交互、开放的。这有利于发挥教与学两方面的积极性，吸引大学生积极参与，使得大学生思想政治工作者在工作中能突破时空

的局限，调动大学生思想政治教育的客体即受教育者的主动性、自主性与参与性，实现由教育客体向教育主体的转变，由此可以提高大学生接受思想政治教育的主动性和自觉性。在全面服务于受教育者的学习、工作、生活、情感等需求的同时，把正确的人生观、价值观渗透其中，对受教育者进行潜移默化的教育，可以收到更好的教育效果。

3. 增强思想政治工作亲和力、感染力和吸引力

传统方式的思想政治工作亲和力欠佳，难以融入大学生的日常生活，在很大程度上影响着大学生思想政治教育的效果和质量。新媒体传播方式多样生动，符合大学生希望平等交流的心理特征和接受习惯，有利于增强大学生思想政治教育工作的针对性和吸引力。在新媒体技术背景下，开放虚拟的网络环境，拉近彼此的心理距离，消除大学生的心理戒备和隔阂，思想政治教育主客体双方可以进行互动，发表自己的意见，畅所欲言。这无疑会增强思想政治工作的针对性和亲和力，增强大学生思想政治教育主体与客体之间的信任度。

二、新媒体时代背景下大学生思想政治教育面临的挑战

1. 信息传播的开放性增强了大学生思想政治教育的难度

随着信息网络时代的到来和新媒体技术传媒的迅猛发展，教育者和受教育者在信息的接收上越来越趋于同步。这种信息的开放与快捷带来的变化及大学生从新媒体中获得信息的不确定性和难以控制性，给大学生思想观念和道德认知带来负面影响，从而抵消高校思想政治教育的部分效果。

2. 对思想政治工作者的媒体素养提出新要求

新媒体技术背景下信息的庞杂性和传播途径的多元化对思想政治工作提出新的挑战。面对纷繁复杂和良莠不齐的新媒体信息环境，要求思政工作者能对新媒体信息做出客观、公正、科学的判定与分析，具备对新媒体信息传播价值取向的判断、驾驭网络传媒、抢占网络制高点、把握网上教育主动权的能力，是高校思想政治工作者新媒体素养的核心。

3. 对大学生价值取向和个性发展带来挑战

新媒体技术的发展给大学生的生活、学习带来了许多便利，也使大学生思想政治教育陷入困境。一方面大学生思想还不成熟，很容易受到新媒体意识形态的影响，在价值判断上简单化，在价值倾向上产生倾斜和偏差。另一方面，新媒体技术具有隐蔽性、自由性、开放性、交互性等功能，同时近年来，"网络水军"已经渗透了互联网的很多地方，他们逐利性和隐匿性强，影响、扭曲甚至有时操纵着网络舆论的走向，学生容易将网络内容同现实划等号，因而出现非理性行为，给大学生价值取向和心理发展带来新的挑战。

三、对大学生思想政治教育工作的创新及思考

1. 构建大学生思想政治教育网络阵营

在新媒体背景下,构建新媒体多元平台,畅通信息传送渠道。一是建立微博平台,信息及时联动,促进学校与学生、学生与学生之间通过电脑或手机多层次、平等性交流,及时把握学生动态,广泛开展网络舆情收集,使思想政治工作和维稳工作更具主动性和前瞻性。二是采取"现实"与"虚拟"相结合的战略,做到网上引导和网下教育相结合,把新媒体的教育引导功能正确纳入大学生思想政治教育系统,完善大学生思想政治教育信息化、数字化、网络化的建设,促进思想政治教育与新媒体在教育引导上相辅相成、相互协调、交叉覆盖。

2. 解决思想政治教育者与新传媒载体相适应的观念和素质问题

在新媒体不断发展的今天,必须解决思想政治教育者的观念和素质问题,着眼增强传媒思维观念,提高媒体素质;着眼增强信息优势观念,提高信息素质;着眼增强开放互动观念,提高交往素质;着眼增强审美观念,提高人文素质。首先要树立正确的观念,改变心态,重新定位,平等交流是新媒体思想政治工作者必须树立的观念。其次是要掌握方法,摸清规律,一旦出现思想政治突发事件,不能一味地堵删封,而应该正面应对消极声音。这也是新媒体时代透明公正决定公信力的特征。

3. 提高大学生的新媒体素养,加强大学生新媒体自律教育

在新形势下,高等院校应将新媒体素养教育纳入大学生素质教育范畴中,开展网络道德教育,培养大学生自律意识,自觉遵守网络规范,培养学生自觉的网络责任意识、政治意识、自律意识和安全意识,培养学生的健全人格和优良的网络道德。新媒体时代的大学生不可能时刻处于思想政治工作者的视野之内,培养当代大学生的新媒体素养是根本方法。高校思想政治工作者要根据新媒体的发展,以及大学生在新媒体技术下所暴露出的问题,有针对性地开展思想政治教育,提高学生分析问题的能力,增强大学生明辨是非的能力和道德自律能力,让大学生能按照正确价值观和道德观来处理发生的问题,增强大学生的社会责任意识,确实帮助他们提高新媒体的自律能力,增强大学生的网络免疫能力和网络文化的辨别能力。让大学生运用新媒体的同时,明了新媒体遵循的基本法律法规和行为规范,具备理性对待和分析新媒体信息的能力,形成独立思考和批判意识。

第六节 新媒体时代下做合格的大学生

大学生作为当代有知识、有文化、有纪律、有思想的青年代表,是国家富强、

人民富裕程度提高的希望，可谓"天之骄子"。近些年来，随着改革开放的不断深入，西方腐朽意识和思想的侵蚀及一些社会不良风气的影响，大学生会受到不同程度上的影响，不健康的乃至一些犯罪行为也在他们中间的一些人身上滋生，引起了社会、家庭、学校等各方面的广泛关注。因此，大学生应该从现实出发，按照党和国家的要求、人民及家长的期盼，努力学习科学文化知识，提高专业技能，积极参加社会实践，加强自身修养，提高综合能力，为贡献祖国积累能量，争取成为一名合格的大学生。

第一部分：合格大学生的时代标准

一、高等学校的培养目标

大学，是令人向往的圣地，是传授知识的殿堂，是精神文明的生产基地，是高级专门人才成长的摇篮。大学成为高级人才成长的摇篮，具有很明确的培养目标。目标包括德、智、体、美、劳诸方面的全面发展。高校的培养目标是根据党在不同时期的总任务确定的。

中华人民共和国成立初期，社会主义建设和改造是在战争的废墟上进行的，所以，急需大量的人才。1957年，毛泽东同志指出："我们的教育方针，应该使受教育者在德育、智育、体育几方面都得到发展，成为有社会主义觉悟的有文化的劳动者。"1958年，中共中央、国务院在《关于教育工作的指示》中指出：教育必须为无产阶级政治服务，教育必须与生产劳动相结合。1960年，毛泽东同志在《工作与方针》六十条中，将又红又专的口号作为培养社会主义人才的方向。1951年制订的《教育部直属高等学校暂行工作条例（草案）》中把上述教育方针的主要内容综合为，教育必须为无产阶级政治服务，教育必须与生产劳动相结合，使受教育者在德育、智育、体育几方面都得到发展，成为有社会主义觉悟的有文化的劳动者。

文化大革命的十年浩劫，教育上出现严重的失误。粉碎"四人帮"后，经过拨乱反正，又有新的提法。1978年《关于我国建国以来若干历史问题的决议》里又明确指出要坚持德、智、体全面发展，又红又专，知识分子与工农相结合，脑力劳动和体力劳动相结合的教育方针。

1987年5月29日，中共中央18号文件即《关于改进和加强高等学校思想政治工作的决定》总结了中华人民共和国成立以来关于对大学生培养目标的经验，克服了"文革"和"文革"前"左"的偏向，提出了符合社会主义初级阶段的合格大学生比较具体的要求。它集中体现在"四个应当"里，即高校培养出来的大学生、研究生，应当有坚定正确的政治方向，爱祖国、爱社会主义、拥护中国共产党的领导，努力学习马克思主义；应当热心于改革和开放，有艰苦奋斗的精神，努力为人民服务，为实现具有中国特色的社会主义现代化而献身；应当自觉地遵守法纪，有良好的道德品质；应当勤奋学习，努力掌握现代科学文化知识，立志成为有理想、有道德、有文化、有纪律的社会主义现代化建设事业的合格人才，做无产阶级革命事业接班人。《决定》明确指出："还要从他们中间培养出一批具有共产主义觉悟的先进分子。"这就是社会主义初级阶段大学生的基本规格和基本素质要求。

2004年《中共中央国务院关于进一步加强和改进大学生思想政治教育的意见》（中发［2004］16号文件）指出，大学生是十分宝贵的人才资源，是民族的希望，是祖国的未来。加强和改进大学生思想政治教育的主要任务是以理想信念教育为核心，以爱国主义教育为重点，以基本道德规范为基础，以大学生全面发展为目标，开展教育活动，使大学生正确认识社会发展规律，认识国家的前途命运，认识自己的社会责任；引导大学生在中国特色社会主义事业的伟大实践中，在时代和社会的发展进步中汲取营养，培养爱国情怀、改革精神和创新能力，始终保持艰苦奋斗的作风和昂扬向上的精神状态；引导大学生从身边的事情做起，从具体的事情做起，着力培养良好的道德品质和文明行为；引导大学生勤于学习、善于创造、甘于奉献，成为有理想、有道德、有文化、有纪律的社会主义新人。

二、高校培养目标的制定依据

大学的培养目标是国家对高等学校人才培养工作的总要求。我国高校的根本任务，就是根据党的教育方针，培养适应经济、科技和社会发展需求的德、智、体全面发展的社会主义建设人才。根据这个根本任务的需求，"四个应该"就是新时期我国高等学校培养目标的总的需求。在总要求一致的条件下，各类高等学校又可根据自己的特点和任务制定具体的培养目标。制定的培养目标体现以下几点要求：

一是必须坚持教育的社会主义方向，全面贯彻党的教育方针，德智体等各方面全面发展。二是贯彻教育要面向现代化、面向世界、面向未来的战略思想。三是适应社会主义的经济建设和科学技术发展的需求；四是要符合人才培养的规律，坚持社会发展需求与人才的发展需求的辩证统一。培养目标不是一成不变的，它随着社会发展、科技进步等多种因素的变化而变化，所以，培养目标具有鲜明的阶级性和时代性特征。它是一个历史的范畴。

三、全面发展的具体要求

全面发展是大学生成才的基本要求，也是时代发展的必然要求。党的十八大全会，使我国走向了改革开放的新时期。回首20世纪80年代，改革开放的大潮给我国的面貌带来了历史性的深刻变化。今天，我国经济飞速发展，科技日新月异，政治地位不断提高，令世界瞩目。用恩格斯在描绘16世纪时代的话说：这是一次人类从来没有经历过的最伟大的进步的变革，是一个需要巨人而且产生了巨人——在思维能力、热情和性格方面，在多才多艺和学识渊博方面的巨人的时代。而社会主义现代化建设需要的人才必须是全面发展。全面发展作为人才的规格，是相对片面的、畸形发展的状况而言的，是指人的思想品德、智力才能、身体素质，以及广泛的社会志趣等方面都得到充分的发展。我国现在实施的教育就是社会主义的全面发展的教育。把"面向现代化，面向世界，面向未来"作为教育的发展战略；把"有理想，有道德，有文化，有纪律"作为社会主义新人的标准。在学校教育中实行德、智、体、美、劳五育并举，最后达到培养社会主义建设者和接班人的目的。

1. 全面发展的含义

全面发展，就是使自身的各种素质均得到和谐健康的发展。一般说来，人才的素质是由德（即思想品德）、识（见识）、才（才能技艺）、学（学问）、体（身体）等多种要素组成的。这些要素之间互相联系，互相促进，辩证统一，缺一不可。唐朝历史学家刘知几说过："夫有学无才，犹愚贾（商人）操金，不能殖货；有才无学，犹巧匠无榧楠斧斤，弗能成室。"清代杰出史学家和思想家章学诚也说过："夫才须学也，学贵识也，才而不学，是如小慧，小慧无识，是为无才。"在这里他们都重视"识"的作用。此外，体魄也是很重要的，因为它是一个人存在和发展的物质基础。毛泽东同志在《体育之研究》一文中说："德智皆寄于体，无体是无德无智也。""体者为知识之载。而为道德之寓也。"

2. 全面发展的具体要求

社会主义现代化建设对人才素质的全面发展提出了更高的要求。例如，一个企业要求大学生不但应掌握必要的专业知识，有一定的社会知识，有一定的社会交往能力，还要有经济头脑，有较强的外语交流能力和广博的知识。特别是在企业重视经济效益的现实中，企业的工作人员不但要独当一面，还应当能兼任额外的工作。所以，大学生只有练就硬本领，发展成为全面发展的人才，才能适应当今竞争激烈的社会需求。大学生应该了解社会对人才的需求标准，注重自我塑造、自我培养，才能在竞争中得以生存和发展。

第二部分：适应大学生活，立志成才

大学生活，对于新同学来说，既是新鲜又是陌生的。往往存在这样的情况，同样高分录取进来的同学，在同一学校同一班级学习，有的进步很快，成为全面发展的优秀学生；有的却精神不振，成绩下降，经常要补考；有的屡犯错误，个别学生甚至被勒令退学、开除。究其原因是多方面的，然而，其中一个重要原因就是能否正确认识和适应大学新的生活所带来的种种变化。为此，同学们应把握大学生活一些新的特点。

一、把握大学生活的新特点

1. 新的学习要求

社会主义教育的目的，就是要使受教育者在德育、智育、体育等方面得到全面发展，成为有社会主义觉悟、有文化的接班人。因此，学生在校的主要任务是学习。由于中学与大学的培养规格的差异，使大学学习与中学学习在教学任务、学习方法等方面存在许多差异。

（1）教学任务不同

普通中学教育是一种基础教育，它的主要任务是向学生传授科学文化的各种基础知识，为他们的升学或就业做好一般性的准备。大学教育则是向学生传授各种专业知识和专门技能，给将来从事的高科技、高层次管理打下基础。

中学教育与学生未来的具体职业并没有什么必然的联系。而同学们考进了某高校某专业后，就意味着将来有可能长期地，甚至终身从事这类性质的职业。这种专业上的相对稳定性，更加具体地体现了社会的需要，反映了党和人民的希望和要求。从这个角度来讲，大学生的学习生活与我国的整个社会生活的联系更加紧密了。所以，从现在起，就要立下献身于祖国社会主义现代化建设的大志，热爱自己的事业，树立高度的社会责任感和事业心。

（2）教学方法不同

从教学方法看，中学大都注重传授知识，就是把现存的知识结论全面地、完整地传授给学生，以便不断扩大学生的原始知识积累。大学生，即使是一年级的学生，也具备了一定基础知识的储存，并在实践中摸索和掌握了一定的学习方法和技巧。因此，大学的教学方法强调启发式，充分发挥学生学习的积极性和主动性。

课堂讲授仍是大学教学的基本形式，但这种讲授与中学相比，教师注重讲解重点、难点和疑点，更注重启发学生思考，培养学生发现问题、分析问题和解决问题的能力。有人总结大学授课特点是"五多五少"：即，介绍思维多，详细讲解少；抽象理论多，直观内容少；扩展内容多，照本宣科少；参考书目多，课外习题少；课外时间多，上课时间少。

总之，单纯传授知识已不是大学教学的唯一功能。大学教学的根本任务，不仅仅是给学生以知识，更重要的是对学生进行智力和能力的训练，培养学生获取知识的方法。形象地说，既给学生提供"黄金"，又教会他们"点金术"。

（3）学习形式不同

从学习态度、学习方式看，中学生的学习是一种被动的、照搬性的学习。在教学时间的安排上，中学都是以课堂教学为主，课时多、分量重，超负荷的作业几乎占据了他们所有的业余时间。学生学习的直接驱动力在于应付考试和测验，缺乏学习的积极性和主动性。

大学提倡自学为主。大学教学时间相对中学要松散些，自由时间增多，作业量相对减少，考试、考查虽然也有督促和强制学生学习的功能，但更重要的是检验学生掌握学业的程度和效果。

业余自学时间增多，而且完全由学生自己自由安排支配。学生主要通过自修、阅读和钻研，摄取专业知识和与本专业知识相关的边缘知识，增长才干。

（4）教学内容不同

中学是基础教育，它的教学内容是全面的、不定向的。大学教学则是一种定向的专业教学。专业教学的一个显著特点，是大大提高了对教学内容深度和广度的要求。大学教学不仅要向大学生讲授与专业有关的基础知识，还要向大学生讲授高、精、尖的理论和最新的科学技术成果。不仅要向大学生介绍学科发展上已有的定论，还要介绍尚在探索争论甚至一些预测的问题。在教学内容的广度上，尽管所开设课程的涉及面有一定程度的缩小，但每门课程教学中则要体现出对多方面知识的综合运用。这一切说明，大学生的学习，与科学文化各个领域发展的前沿阵地更加接近了。对理工科大学生的专业教学来说，主要是科学技术教育，这种科学技术教育是中学时期普通教育的延伸，是科技发展的必然要求，也是科学技术发展的基础。

2. 新的生活方式

生活方式是指人的消费物质和精神财富的方式。大学生活是一种全新的生活，必然对大学生的思想素质、精神风貌、行为模式和价值取向等产生潜移默化的影响。

（1）自主性

大学生活是从家庭生活走向社会生活的开端，是大学生人生旅途的重要一环。大学生活方式的变更主要表现在从依附家庭到独立生活的转化。

大学生入学前，一般都在家中受到特殊的照顾，享受家庭最优惠的待遇，诸事由家长包揽。他们唯一的任务就是努力学习，考上好大学。其他则一概不过问，甚至过着"饭来张口，衣来伸手"的生活。

大学生的生活，脱离了家庭的庇护，远离了父母的关照，失去了依赖和靠山，衣食起居一切都得由自己安排。这种在生活中由依附家庭到独立自理的过程，有人称之为"第二次断乳期"。

大学生生活自理并不排除外援。相反，同学们之间在生活上的互相帮助是经常发生的。学校各级领导、班主任、辅导员也会从各方面给予关怀，但是外界的帮助毕竟不同于家庭父母对子女的关照，更不能代替学生个人生活上的自理。

（2）群体性

大学生活方式的变更也表现在由个体生活向群体生活的转化。中学生活虽然也是生活在群体之中，但学生一般都居住家中。即使个别学生住校，同学们也是来自同一地区，生活习惯相近，生活特点相同。如此，中学的个体与集体的密切程度、依赖程度都与大学生活有很大的差别。

大学生来自祖国的各个地区，而且同吃同住，朝夕相处，形成了有大学特色的生活群体。在新的群体之中，大学生们在生活上互相影响、互相效仿、互相攀比，其影响尤其对大学一年级的新生来说，是较为明显的。

大学群体生活中，积极而健康的因素是同学之间的互相帮助、互相学习、互相关心。当然，我们也不能忽视，大学生活群体也会出现一些矛盾和冲突，如不妥善处理，会使扩盾加深乃至恶化。

（3）开放性

大学生活方式的变更还表现在从封闭型生活向开放型生活的转化。大学生活的开放性表现在：一方面是校际联系增多。另一方面是高校多处于经济和文化发达的地区。大学生们不满足于原有的家庭生活方式、生活观念等单调枯燥的现状，饮食上讲究吃好、喝好，衣着上讲究款式新颖、名牌，业余文化生活上追求时髦。

二、适应变化，立志成才

大学生活对于刚刚进入大学的新同学来说，是新的排列组合，也是新的优胜劣汰的开始。四年的大学生活，有的同学轻松自如地、以家长满意、学校和国家满意、企业愿意接收的优秀"答卷"走出了校门。有的学生经过了长期地痛苦摸索才找到通向成功之路。也有的学生则始终停留在起跑线上，甚至被淘汰。

尽快适应大学生活，顺利完成从中学到大学的转变，是每一个大学生必须解决好的现实问题，也是新形势的客观要求。

1. 力争良好的开端

俗话说："万事开头难。"大学生要尽快适应生活，必须要创造一个良好的开端，战胜和克服心理上的各种障碍，迈好第一步。争取良好的开端，首先要正视现实。因为，大学并不像想象中的那样完美，有的地方甚至还不如中学。现实会使一些学生产生心理上的失落感，已有的热情和希望化为乌有。所以，大学生不能逃避现实，而要正视现实、面对现实。大学生应充分地利用现有的条件，在知识的长河中继续奋力拼搏；其二要正视自己。进入大学，部分学生惊异地发现自己原来的优势并不是优势，小学时的鹤立鸡群变成现在的平庸之辈。地位的变化，将产生情绪上的变化，心灰意冷，甚至会丧失斗志。常言道："哀莫大于心死。"只要有决心，有志气，正视自己，振作精神，奋起再战，何愁不能建立新的优势？不能改变现有的格局？

2. 保持竞争优势

当今社会是一个竞争的社会，竞争的浪潮以锐不可挡之势冲击着社会生活的各个领域，平静的校园也失去了以往的平静。面临着激烈的竞争，要么进取成才，要么落后被淘汰，每一个大学生都不可避免地要做出抉择，迎接新的挑战。

迎接新的挑战首先强化竞争意识。大学所提倡的竞争是一种成才的竞争，靠真才实学取胜，来不得半点虚假和伪假。坚持竞争与合作相统一，互相关心，互相帮助，达到共同进步。其二是要坚定必胜信念。"两军相逢勇者胜。"勇气靠信心支撑，要在竞争中保持优势，必须建立必胜信心，信心是事业成功的秘诀。

坚定的必胜信念来自对自己正确客观的评价。它要求我们既要充分看到自己的长处与优势，善于发扬光大，又要看到自己的缺点和不足，善于克服、避免，"择其善者而从之，其不善者而改之"。

坚定必胜的信念，并不是提倡盲目自信。盲目自信是过高估计自己、缺乏自知之明的表现。必胜的信心是事业成功的保证，盲目自信只能毁掉前程和事业。

困难和胜利是难免的，面对困难和挫折，灰心、退却意味着失败；攻坚、克制才能达到胜利的彼岸。正如苏霍姆林斯基所说："信念就其本性而言，不可能成为无所不为的精神财富，信念只有在积极的行动之中才能够生存，才能够得到加强和磨炼。"我们的大学生，生长在和平安定的环境中，缺乏艰苦奋斗的实际锻炼，经不起挫折和失败的考验。因此，更需要加强对精神意志的磨炼。

3. 讲究竞争策略

要在竞争中取胜，不仅要强化竞争意识，坚定必胜信念，还必须讲求竞争策略，最大限度地发挥自己的主观能动性，卓有成效地利用竞争环境中各种有利条件。

大学为每一个学生所提供的成才条件都是平等的、公平的。事情成败的关键取决于个人的努力。总结成功者的经验，讲求竞争中的策略必须注意以下几点：

（1）要有明确的目的性

任何个人都既有长处，又有不足，不可能在一切方面都能获得成功。因此，要想在公平竞争中取胜，就必须有一个明确的奋斗目标，选择最有利于发挥自己优势的方面作为突破口。

(2) 要打好"四个基础"

在我国社会主义大学里，任何个人的成功都是建立在坚实的思想基础、理论基础、信念基础和实践基础之上的。为达到既定的奋斗目标，就应该认真地学习马列主义、毛泽东思想、邓小平理论、"三个代表"重要思想及科学发展观，学习党的路线、方针和政策，了解国情和所学学科的现状和发展前景；了解改革开放、市场经济条件下企业人才需求标准。这样，才有可能使自己在竞争中立于不败之地。

(3) 要积极参加学校的各种知识竞赛活动

如学科知识竞赛、综合知识竞赛、个人素质竞赛等。参加这些竞赛活动，既可以强化竞争素质，培养竞争意识，又可以提高竞争能力，在竞争中学会竞争。

(4) 要善于抵制各种消极因素的影响

在竞争的过程，有来自积极方面的影响，又来自消极方面的影响。前者促使走向成功，后者则可能使你败下阵来。因此，我们要学会把握和利用积极因素，学会抵制和克服消极因素的影响，寻找机遇，创造条件，化消极因素为积极因素。

总之，通向成功的路坎坷不平，荆棘丛生。但是，只要具有强烈的竞争意识、必胜的竞争信念和正确的竞争策略，坚韧不拔，百折不挠，锲而不舍，顽强进取，就一定能达到预定的奋斗目标。

第七节　在新媒体环境下要坚定正确的政治方向

第一部分：把正确的政治方向放在第一位

一代人有一代人的历史责任。作为新世纪的高素质人才，要努力发展成为符合建设中国特色社会主义现代化要求的、具有现代科学技术和经营管理知识、具有开拓能力等方面综合素质的高级专门人才。大学生只有确立坚定的政治方向，才能准确客观地把握自己的历史使命，自觉地按照党和人民的期望和要求成长发展，把自己塑造成为政治方向明确、社会主义信念坚定、思想品德高尚、富有实干创新新精神和创造才能，为祖国富强和人民幸福做出贡献的建设人才。

人才发展的政治方向，从来都不是可有可无的问题，而是任何社会对建设者和接班人的必然要求，也是指导人才健康成长的主要依据。在中国革命建设中，党的老一辈无产阶级革命家，经常告诫青年要把坚定正确的政治方向放在第一位。正确的政治方向是培养高尚品德的灵魂，是青年服务于社会的精神支柱和力量源泉。

一、正确地认识政治

当代大学生热爱我们的党,热爱我们的社会主义制度,他们关心社会的进步,关心改革开放的前途,希望国家尽快地富强起来。这种思想情感就是政治感,就是关心政治的体现。但并不是所有的大学生都能严肃地对待政治方向的问题。有的青年学生对政治缺乏应有的关心,在重大政治原则面前漠然置之,有的出于缺乏政治常识,对政治存有很多偏见。有的同学认为:"发展市场经济、关键在于科技,政治方向没有必要。"所以,把政治看成是可有可无的东西,缺少对政治方向的责任感和科学的理解。面对这种情况,我们在坚定政治信念,明确政治方向的时候,首先应该明确什么是政治,什么是社会主义的政治。

政治属于社会的上层建筑的范畴。政治产生于一定的经济基础,是经济的集中表现。政治是为经济基础服务的,又给予经济基础以巨大的影响。列宁说过:"政治是经济的集中表现,政治同经济相比不能不是首位,不肯定这一点,就是忘记了马克思主义最起码的常识。"在有阶级的社会里,经济利益是各阶级最基本的利益,各阶级为了维护自己的经济利益,彼此之间必然展开激烈的阶级斗争。因此,阶级斗争和处理阶级关系就成为政治的重要内容。政治所要处理的关系,包括阶级斗争关系,阶级之间的关系,民族关系和国家关系。其表现形式为代表一定阶级的政党、社会集团和社会势力在国家生活和国际关系方面的政策和活动。历史上剥削阶级的政治,不论其表现形式如何,都是以压迫劳动人民、维护本阶级的狭隘利益为目的。而无产阶级政治,是在无产阶级政党的领导下,用革命推翻资产阶级的统治,建立无产阶级专政;在夺取政权以后,把社会主义革命进行到底,正确进行政治斗争,正确处理敌我之间和人民内部两类不同性质的矛盾,在建设高度物质文明的同时,建设高度的社会主义精神文明和社会主义民主,为彻底消灭阶级、实现共产主义创造条件。

政治是由经济决定的,政治来源于经济,是经济的集中表现,而政治对经济具有能动的反作用。这种反作用表现为:当政治与经济的方向一致的时候,政治可以巩固社会的经济基础并促进生产的发展;当政治与经济的发展方向相反的时候,政治会阻碍经济的发展,甚至会使经济走向崩溃;政治也可以改变经济的发展方向,即阻碍经济朝某一方向发展而促进其朝向另一方向发展。正因为这样,马克思主义的经典作家十分重视政治的作用,十分重视解决政治上的问题。列宁说:"一个阶级如果不从政治上正确地处理问题,就不能维持它的统治,因而也就不能解决它的生产任务。"

在新的历史时期,我国社会主义的主要矛盾,是人民群众日益增长的物质文化需要同落后的社会生产之间的矛盾。为了解决这个矛盾,我们必须集中力量发展生产力，必须抓住经济建设这个中心，千方百计促进生产的发展，快速提高国家的经济。现阶段阶级斗争已经不是我国社会的主要矛盾，但是它在一定范围还将长期存在，并且在一定条件下还有可能激化。我们必须看到，在社会主义社会，仍然有反革命分子，有敌特分子，有各种破坏社会主义秩序的刑事犯罪分子和其他坏分子，有贪污盗窃、行贿受贿等经济犯罪的新剥削分子，并且这种现象在长时期内不可能完全消灭。同他们的斗争是历史上的阶级斗争在社会主义条件下的特殊形式的遗留。在当前又集中表现为资产阶级自由化与四项基本原则的对立与斗争。这种斗争的发展，在一定条件下又会深入到政治领域，形成激烈的政治斗争。斗争的中心仍然是政权问题。这种斗争同国际敌对势力与我们之间的颠覆与反颠覆、渗透与反渗透、和平演变与反和平演变的斗争密切联系、相互交织。为了迅速发展生产，为了加快国家现代化建设步伐，为了正确地进行阶级斗争，挫败敌对势力的阴谋，我们依然要加强政治，建设有中国特色的社会主义政治。我们必须坚持工人阶级领导的、以工农联盟为基础的人民民主专政，不能削弱和放弃人民民主专政；必须坚持和完善人民代表大会制度，不能照搬西方那种议会制度；必须坚持和完善中国共产党领导的多党合作制度和政治协商制度，不能削弱和否定共产党的领导。我们必须牢牢地把握有中国特色的社会主义政治的这些基本要求，不断加强社会主义法制建设，发展安定团结、生动活泼的政治局面，保证人民当家作主和国家的长治久安。大学生应该从社会发展、国际建设的角度来认识政治，增强政治责任感，提高参与社会生活的积极性，自觉地关心政治、学习政治，维护政治上的安定。

二、正确的政治方向是人才成长的灵魂

毛泽东同志早在《关于正确处理人民内部矛盾的问题》一文中就提出："不论是知识分子还是青年学生，都应该努力学习。除了学习专业之外，在思想上要有所进步，政治上也要有所进步，这就得要学习马克思主义，学习时事政治。没有正确的政治观点，就等于没有灵魂。"这表明人才成长必须坚定正确的政治方向，即坚定社会主义性质和方向，自觉地按照社会主义大学的培养目标提高自身素质。

首先，坚定正确的政治方向是社会主义大学培养目标的需要。

我国社会主义大学的培养目标，就是根据建设有中国特色社会主义的总的要求，培养德、智、体、美、劳诸方面都得到发展的社会主义建设者和接班人。人才的成长固然要靠自身的主观努力，但这种努力离不开社会提供的条件，也必须符合社会发展的客观要求。这样，自觉按照社会进步和民族根本利益的要求发展自己，就成了每一位大学生必须认真考虑的首要问题。而这就是政治方向的要求。我们要求德、智、体、美、劳诸方面都得到发展，才能适应社会主义现代化建设

对人才的需要，也就是说人才的成长、发展和活动都具有一定的社会内容，必然要受到一定的社会关系的制约，表现出人才社会性的基本特征。一是人才的成长必须依靠社会提供的条件。爱因斯坦曾经说过，是社会"供给人以粮食、衣服、住宅、劳动工具、语言、思想形式和大部分的思想内容，通过过去和现在亿万人的劳动，他的生活才有可能"。离开由一定社会关系所决定的教育和培养，即使先天遗传素质再好的人，也无法得到正常的发展。二是人才作用的发挥需要一定社会关系的制约。这种制约性在阶级社会中突出表现为受阶级关系的制约。实际上，在阶级社会中的人才只能是阶级的人才，总是要为所属阶级和利益服务的。虽然，人才的阶级性并不等于人才的社会性，但是每个阶级都按照自己的需要培养人才，这是历史的规律。无产阶级也必然按照本阶级的意志和需要造就自己的人才。于是，人才的活动都具有特定的社会内容。任何人才的实际活动，只有符合社会进步要求时，才会得到社会的肯定和鼓励；只有符合人民大众根本利益时，才能得到人民的支持，才能实现真正的社会价值。总之，当代大学生要做到不辜负时代的要求，不辜负党和人民的重托，就必须按照社会主义高等学校的培养目标严格要求自己。这就是要"德、智、体、美、劳"诸方面都得到发展，或者说是德才兼备。同时，我们必须清醒地认识到，这几个方面都得到发展，并不是不分轻重主次的。德，始终是第一位的，是成长为合格人才的核心要求和基本保证。而德的主要内涵就是政治方向和思想道德素质。因此，确立正确的政治方向是达到社会主义大学培养目标要求的首要内容，也是社会主义性质决定的。

其次，从政治与业务关系上理解正确的政治方向是人才成长的灵魂。

政治方向是指一个人在根本政治原则、大是大非问题上所表现出来的比较稳定的思想倾向。它制约着一个人观察社会、分析问题和理解人生的基本态度和立场。因此，政治方向对人才的成长起着导向和引路的重要作用。

马克思主义认为，政治与业务的关系是辩证统一的。就一个人来说，其政治觉悟、政治方向与其专业的学习、业务水平的提高是相互联系、相互促进的。因为政治方向明确、政治觉悟高、政治信念坚定，必然体现为努力学习业务，刻苦钻研，多为国家建设做贡献。这就是政治要落实到业务上，如果空头谈政治就不是一个真正坚定信念的人。另外，我们也反对迷失方向的实际家。如果一个人的知识能力很渊博，业务水平也很高，但不是用自己的知识和能力为社会服务，为人民服务，反而以知识和能力为资本，向国家和人民讨价还价，对这样的专家，社会和人民也是不会欢迎的。在我们的社会里，社会主义制度鼓励青年成名成家，鼓励青年在科学的大道上不断攀登，同时也要求青年要有清醒的政治头脑，树立社会主义的政治立场和为人民服务的价值观。老一辈无产阶级革命家董必武曾语重心长地对青年说："在解决世界观的大前提下，青年立大志、当专家是完全可能的。学医的要好好学医，学工程的要好好学工程，但同时要过问政治，搞了技术就不过问政治是不行的。因为你不想过问政治，政治要过问你。"著名科学家爱因斯坦，不顾希特勒的迫害，毅然站在人民的一边，坚持反法西斯的立场。他说："我认为每个公民都有责任尽其所能来表明他的政治观点。如果有才能的和有能力的公民忽视这种责任，那么健康的民主政治就不可能成功。"钱学森是我国著名的科学家，又是伟大的爱国主义者和忠诚的社会主义者。他早年留学美国，学成后在美国搞科学研究。中华人民共和国成立后，为了报效祖国，服务人民，他冲破美帝国主义的重重阻挠，放弃优越的生活条件和科研条件，毅然决然地回到新中国。几十年来，他潜心于科学研究，致力于国家建设，成为我国最有成就的科学家和国际知名学者。1991年10月1日，他被国务院、中央军委授予"国家杰出贡献科学家"荣誉称号。这表明他的成才方向明确，立场坚定，同时也表明政治方向正确是人才成长的灵魂。

再次，从中国革命发展的历史证明，政治方向是人才成长的灵魂。

我们的祖国是一个有几千年文明历史的国家。可是中华人民共和国成立前的近代中国却有着痛苦的经历。许多仁人志士苦苦求索，都没有找到解救中国的出路。马克思主义传入中国后，使中国的先进分子看到了曙光。经过五四运动，马克思列宁主义同我国工人运动相结合，在1921年诞生了中国共产党。从此以后，先进的知识分子在中国共产党的领导下，经过长期的曲折斗争和艰苦努力，表现出了具有时代特征的崭新精神风貌，这就是热爱祖国、忠于人民；深入实际、深入工农；追求真理、锐意进取；艰苦奋斗、勇于奉献。这种精神风貌，不仅展示了我国知识分子在马列主义、毛泽东思想指导下，与实践相结合、与工农相结合的健康成长的正确道路，同时也使我们认识到，正确的政治方向是知识分子健康成长、发挥作用的首要条件。对于今天的大学生来说，不充分认识到这一点，就难以全面理解老一代知识分子艰苦拼搏、无私奉献的精神和业绩，也难以自觉地继承和发扬他们的优良传统。可以说，正确的政治方向是中国先进知识分子崭新精神风貌的灵魂，也是当代大学生健康成长的灵魂。

三、正确的政治方向是建设有中国特色社会主义对人才的基本要求

任何时代的人才都不能企图超越历史发展的客观要求，凭借异想天开的幻想，去确定自己的发展方向。一代人有一代人的历史责任，这是由一定的社会历史条件决定的。当我们的祖国处于半殖民地、半封建的桎梏之下，人民群众遭受帝国主义及其走狗压榨时，当时先进分子的历史责任，就是唤起民众，团结一致，推翻帝国主义和封建势力的反动统治，求得全国各族人民的彻底解放。老一辈无产阶级革命家和无数革命志士，没有辜负时代的要求和民族的期望，在党的领导下

极其出色地完成了这一伟大光荣而又艰难险峻的历史任务。中华人民共和国成立后，当时的广大青年响应党的号召，积极投身于社会主义事业的建设之中，为我国战胜贫困、发展社会主义经济做出了巨大的贡献。今天的大学生，肩负的历史责任就是在党的领导下，把我们国家建设成为现代化的社会主义强国。

青年是祖国的未来、民族的希望，也是中国特色社会主义的未来和希望。青年兴则事业兴，青年强则国家强。在任何一个时代中，青年都是社会上最富有朝气、最富有创造性、最富有生命力的群体。党的十八大报告提出，中国特色社会主义事业是面向未来的事业，需要一代又一代有志青年不懈地奋斗。这是我们党对广大青年提出的殷切期望。广大青年要积极响应党的号召，树立正确的世界观、人生观、价值观，永远热爱我们伟大的祖国，永远热爱我们伟大的人民，永远热爱我们伟大的中华民族，在投身中国特色社会主义伟大事业中，让青春焕发出绚丽的光彩。

由此可见，继承伟大的社会主义事业，投身于有中国特色的社会主义现代化建设，把我国建设成为繁荣富强、民主文明的社会主义现代化国家，这是时代赋予当代青年的历史责任、是党和人民对大学生的根本要求。

大学生必须肩负起自己的时代使命，努力成长为社会主义现代化建设的人才。除了抓紧时间、勤奋钻研、努力学习科学文化知识和技能，还必须牢记自己不是一般意义上的人才，而是建设社会主义的人才，是使社会主义事业不断发展壮大的人才。因此，必须不断提高政治觉悟，确立坚定正确的政治方向，并且具有投身于现代化建设的真才实学，成为社会主义事业的建设者和接班人，这才是我们将要成为各类专门人才的完整含义。

第二部分：正确政治方向的时代内容

当代大学生坚定正确政治方向的主要内容，包括坚持党的基本路线，坚定社会主义信念，坚持全心全意为人民服务的宗旨，掌握马克思主义的世界观等方面。这些内容是大学生成才发展的重要思想基础，是人才素质的重要组成部分。如何自觉地做到思考、探究和实践这些问题，是对社会主义大学生在政治上的起码要求。

一、坚持"一个中心，两个基本点"

"一个中心，两个基本点"是党的基本路线的主要内容，这是由它本身的地位和作用决定的。首先，以经济建设为中心，就是把发展社会主义生产力作为全党、全国工作的中心。这不仅是社会主义发展的内在要求，而且关系到社会主义历史命运的大局；换句话说，能不能把经济搞上去，是关系到社会主义能不能存在和发展的大局。我们讲党的基本路线是关系"长治久安"的大事，首先是指能不能把经济建设搞上去。其次，社会主义国家综合国力的大小、社会主义国家国防能力的强弱、人民物质文化生活水平的高低，乃至从总体上社会主义战胜资本主义的能力，这一切都维系着或有赖于经济建设的好坏。从这个意义上说，党的基本路线的实质，就是坚持以经济建设为中心。再次，"一个中心，两个基本点"解决了社会主义建设的道路问题，只要抓住和贯彻落实"一个中心，两个基本点"，才有可能实现"富强、民主、文明"的社会主义的奋斗目标。

"一个中心，两个基本点"的提出，既总结了中华人民共和国成立以来的历史经验，也总结了党的十一届三中全会以来的宝贵经验。1956年，我国生产资料私有制的社会主义改造基本完成，剥削制度和剥削阶级已经消灭，党和国家的工作重点理应放在经济建设。同年9月党的八大也制定了正确路线，指出国内主要矛盾已经不再是工人阶级和资产阶级矛盾，而是人民对于经济文化迅速发展的需要同当前经济文化不能满足人民需要的状况之间的矛盾；全国人民的主要任务是集中力量发展社会生产力。可惜，从1957年以后没能坚持八大的正确路线，反而接二连三地搞了阶级斗争、政治运动。邓小平同志总结说："多少年来我们吃了一个大亏：社会主义改造基本完成了，还是以'阶级斗争为纲'，忽视发展生产力，'文化大革命'更走到了极端。十一届三中全会以来，全党把工作重点转移到社会主义现代化建设上来，在坚持四项基本原则的基础上，集中力量发展社会生产力。这是最根本的拨乱反正。"吃一堑、长一智，党的十一届三中全会实现了工作重点的战略转移，把经济建设放在中心地位。同时，我们又总结了党一贯坚持的四项基本原则，总结了三中全会以来改革开放的新政策、新经验。在1986年9月党的十二届六中全会上指出我国社会主义现代化建设的总体布局和社会主义精神文明建设的基本指导方针，包含了以经济建设为中心和坚持四项基本原则，坚持改革开放的内容。这实质上是"一个中心，两个基本点"思想的雏形。

"一个中心，两个基本点"是一个完整的整体，它们之间有着内在的联系，不可分割。它们都有各自的地位和作用，不能相互代替。"两个基本点"要紧紧围绕"一个中心"，"一个中心"也离不开"两个基本点"。"一个中心"就是以经济建设为中心，就是把解放和发展社会生产力作为社会主义社会的根本任务。我们是社会主义国家，搞的是社会主义现代化而不是资本主义现代化。邓小平同志指出："我们要实现工业、农业、国防和科技现代化，但在四个现代化前面有'社会主义'四个字，叫'社会主义四个现代化'。"因此，以经济建设为中心离不开四项基本原则，可以说，坚持四项基本原则是改革开放、发展经济的根本保证。只有坚持共产党领导，坚持社会主义道路，坚持人民民主专政，坚持马列主义、毛泽东思想，才能使经济建设沿着有中国特色的社会主义道路健康地发展。实践已经证明，如果不坚持四项基本原则，资产阶级自由化就会泛滥，就会出现动乱。在动乱的环境中，是不可能搞经济建设的。同样，以经济建设为中心也离不开改革开放，因为改革开放能够解放生产力、发展生产力。可以充分发挥企业和劳动者的积极性和创造性，可以充分吸收和借鉴人类社会创造的一切文明成果，吸收和借鉴当今世界各国包括资本主义发达国家的一切反映现代社会化生产规律的先进经营方式和管理方法，也可以充分引进外资和先进的技术装备，增强我们社会主义国家自力更生的能力。改革开放是解放和发展生产力的必由之路。因此，从"两个基本点"的作用看，"一个中心"离不开"两个基本点"。

"两个基本点"也离不开"一个中心"。坚持四项基本原则，是我们的立国之本。这四项基本原则对于社会主义国家来说是不能动摇的。但是，坚持四项基本原则必须拥有强大的物质基础做后盾。社会主义要消灭贫穷，贫穷不是社会主义，社会主义的本质是解放生产力，发展生产力，消灭剥削，消灭两极分化，最终达到共同富裕。社会主义制度的优越性，最根本的就是体现它的生产力比资本主义发展得更高一些、更快一些，不断改善和提高人民群众的物质文化生活水平。因此，坚持四项基本原则离不开经济建设这个中心，抓住发展社会生产力，抓住经济建设这个中心，就是抓住了本质和关键。同样，改革开放也离不开经济建设这个中心。坚持改革开放，是党的十一届三中全会以来的新政策和新经验，是我们的强国之路。改革开放也是社会主义国家发展的内在要求，它给社会主义经济建设不断注入动力和活力。实践证明，改革开放本身就是围绕经济建设这个中心的，是为经济建设这个中心服务的。离开了经济建设，改革开放不仅不能施展各自的能力和作用，而且也无法存在和发展下去。此外，我们判断改革开放得失成败的标准，主要是看能否有利于发展社会主义的生产力，是否有利于增强社会主义国家的综合国力，是否有利于提高人民的生活水平。

总之，正确认识"一个中心，两个基本点"的相互关系及其地位和作用，就是进一步认识党的建设有中国特色社会主义基本路线的时代内容，就是当代大学生坚定正确政治方向并付诸实践的重要时代内容。

如前所述，两个基本点都离不开经济建设这个中心，都是为这个中心服务的。其实，两个基本点之间也是相互贯通、相互依存的。邓小平同志曾指出：在整个改革开放过程中，必须始终注意坚持四项基本原则。可见它们之间并不是两个板块的拼凑，而是内在统一于建设有中国特色的社会主义实践。这种内在的统一性，集中地表现在新的历史条件下，改革开放赋予四项基本原则以新的时代内容，其目标都是为了建设富强、民主、文明的有中国特色的社会主义。

在改革开放条件下坚持社会主义道路，就是要肯定改革开放是社会主义制度自我完善和自我发展的性质，坚持公有制为主体和共同富裕，发展社会主义市场经济，贯彻按劳分配原则为主的多种分配形式，解放和发展社会生产力。这样，社会主义制度的优越性就能够比较充分地发挥出来，社会主义制度就更加具有吸引力，人民群众坚持走社会主义道路的信心就会更强。

在改革开放的条件下坚持人民民主专政，就是要坚持对人民民主和对敌人专政，充分发扬社会主义民主，健全社会主义法制，保障劳动人民更好地当家作主，充分调动和保护广大人民群众改革开放的积极性和创造性，为改革开放创造一个安定团结、生动活泼的环境。通过改革开放，可以使社会主义的经济体制和政治体制日益完善，国家实力日益增强，人民国防更加强大，人民群众可以更好地行使管理国家的权力，对一小撮敌人可以实行更有效的专政，人民民主专政的国家政权就会更加巩固。

在改革开放条件下，坚持共产党的领导，就是要加强党对改革开放的路线、方针和政策的领导和指导，在改革开放中加强党的自身建设，各级党组织都要善于掌握和贯彻"一个中心，两个基本点"，并保证党的基本路线的实施。要发挥广大共产党员在改革开放中的先锋模范作用，教育全体共产党员既要经得起执政的考验，又要经得起改革开放的考验。通过改革开放，把社会主义现代化搞上去，国家富强、人民幸福，我们党的威望就会日益增高，人民群众就会更加坚信和更加拥护共产党的领导。

在改革开放的条件下坚持马列主义、毛泽东思想，就是要加强马列主义、毛泽东思想对改革开放的指导作用，加强对改革开放的宣传和论证，运用马克思主义的立场、观点和方法，研究改革开放的新情况，解决改革开放中的新问题，使改革开放在正确理论指导下更加生机盎然，不断前进，不断发展。通过改革开放，把马克思主义基本原理同中国社会主义现代化建设的实践相结合，不断解决现代化建设中的新课题，不断取得新的知识和新的经验，加深对社会主义发展规律的科学理解，才能不断丰富和发展马列主义、毛泽东思想的理论宝库。

综上所述，我们当代大学生要正确认识和全面理解党的基本路线的理论，正确认识和全面理解"一个中心，两个基本点"及两个基本点内部的辩证关系，才能了解和掌握社会主义发展的客观规律，了解和掌握建设有中国特色社会主义理论，才能在实践中把握住党的基本路线的精神实质，把握住坚定正确的政治方向，保证我们沿着建设有中国特色的社会主义道路奋勇前进。

二、坚定社会主义信念

信念是人们对某种观点、主义、原则或理想等在内心形成的思想的信服和尊重，并以之为行动准则。信念是人生杠杆的支柱点，有了它，人们的精神才会有所寄托，理想才能得以实现。社会主义信念就是对社会主义思想理论的真诚信服，就是革命者、建设者的革命坚定性和政治原则性，就是对实现社会主义现代化的信心和决心。为此，坚定社会主义信念，就是人民的政治态度和政治信仰，是人们最重要的确立坚定正确的政治方向的思想品德。对于当代大学生来说，坚定社会主义信念，就是要以马克思主义的科学社会主义原理为指导，从人类社会发展规律，从社会的基本矛盾的产生发展，从中国近代史的发展中，来认识社会主义的产生与发展的必然性；从社会主义诞生和社会主义总体发展，从人民的社会地位和生活水平的提高中，来认识社会主义制度的优越性，从我国改革开放以来取得建设有中国特色的社会主义的巨大成就，来认识只有社会主义才能发展中国的重要意义，从此更加坚定社会主义信念。

三、掌握马克思主义世界观

世界观也称"宇宙观"，是人们对世界的根本看法。在有阶级的社会里，世界观有着鲜明的阶级性。由于不同的阶级在社会实践中所处的地位不同，逐渐形成不同的世界观。各种世界观的斗争，归根到底是唯物主义和唯心主义、辩证法和形而上学的斗争。马克思主义的辩证唯物主义和历史唯物主义是唯一科学的世界观，是人类历史上最先进、最科学的世界观和方法论，它批判和摒弃了唯心主义和形而上学，把唯物主义和辩证法有机地统一起来，克服了以往任何世界观和方法论的局限，是人类认识和改造世界的锐利武器。它认为世界是物质的，物质的世界是根据一定的运动规律相互联系和不断发展变化的。人们能够通过实践来认识世界，并且按照世界及其发展现律来改造世界、征服自然、改造社会，并在认识和改造客观世界的过程中，认识和改造自己的主观世界。

第八节 大学生在新媒体环境下要高举爱国主义旗帜

在我国历史上，爱国主义一直就是动员和鼓舞人民团结奋斗的一面旗帜，是使我国各族人民富有凝聚力和向心力的伟大精神力量，是使我国繁荣富强的伟大精神动力。在维护祖国统一和民族团结、抵御外来侵略和推动社会进步中，爱国主义发挥了巨大作用。在它的激励下，我国各族人民自强不息、锐意进取，在中国共产党的领导下，开辟了我国走向富强昌盛的辉煌道路。历史新时期的爱国主义与爱党、爱社会主义是高度统一的。在建设中国特色社会主义的今天，广大有志青年必须高举爱国主义的旗帜，增强历史的责任感和时代的紧迫感，振奋民族精神，坚定共产主义信念，共同为振兴中华贡献力量。

第一部分：爱国主义及其新时代特征

祖国是我们的父母之邦，爱国主义是引导我们前进的光辉旗帜。爱国主义不仅是对祖国壮丽河山、悠久历史和灿烂文化的无比热爱和无限眷恋，更表现在为国家、民族的命运拼搏进取的奉献精神，这是爱国主义的最高体现。

一、爱国主义丰富的内涵

1. 爱国主义是人们对自己祖国的一种深厚感情

列宁说爱国主义就是千百年来固定下来的对自己的祖国的一种最深厚的感情。"这种感情集中表现为民族自豪感和自信心，表现为对祖国河山、人民、历史文化和一切物质及精神财富的热爱；表现为把个人命运同祖国前途紧密相连在一起；表现为为祖国的独立、富强而奋发开拓的强烈责任感。

爱国主义情感是人们在社会实践中逐步形成的。在人类社会早期，人们随着安定生活的发展，产生了对乡土之情的深深眷念。这种感情随着民族、国家的形成而逐步发展，也就是说爱国主义作为一种社会意识形态，是随着国家的出现而产生的。它一经产生，就成了一个国家和民族生存、巩固和发展的精神支柱。这种世代相传的爱国主义情感是各个时代、不同阶段的人们所共有的，也是维系一个国家和民族生生不息的巨大力量。爱国主义情感促使人们把自己的利害得失同国家、民族的兴衰荣誉联系起来，这种紧密相连的关系，要求人们承担对祖国的义务和责任，维护祖国的独立和尊严，促进民族的团结与祖国的统一，自觉地肩负起振兴中华的重任，为使祖国成为富强、民主、文明的社会主义现代化国家贡献自己的聪明才智和全部力量。

2. 爱国主义是调整个人同国家、民族关系的基本的道德规范

世界各国的公民都是以是否热爱自己的祖国、能否为祖国贡献力量作为尺度来评价一切个人、集团、政党阶级的言行，评价一种学说、理论、思潮的是非，并以此来鼓舞和激励人们的爱国主义热情。在我国的历史上，无数仁人志士为了国家和民族的利益而不惜忍辱负重，流血牺牲。像威武不屈、贫贱不移的爱国志士苏武；精忠报国的民族英雄岳飞；血战虎门为国捐躯的关天培；不忘国耻、矢志抗战的冯玉祥等等。他们之所以名垂青史，主要是他们的身上闪耀着爱国主义的道德光辉。人们敬仰他们，赞颂他们，就是因为爱国主义是人们心目中的道德规范。同样，也正是因为人民把爱国主义早已视为一种道德规范，对历代的卖国贼，如秦桧、汪精卫之流总是痛恨不已，嗤之以鼻。

爱国主义作为调整个人与国家、民族之间关系的道德规范，要求人们把祖国、民族的利益置于高于一切的地位。当个人利益与国家、民族利益发生矛盾时，应

以个人利益服从国家、民族利益，甚至牺牲个人的生命以保全祖国、民族的利益。这是世界各国、各民族的人民在长期的社会实践中形成的基本原则。早在我国封建社会，就有一些有识之士提出了"先天下之忧而忧，后天下之乐而乐"和"天下兴亡，匹夫有责"等名言。一些思想家也提出，在国家危难之际"常思奋不顾身，而殉国家之急"，以及"富贵不能淫，威武不能屈，贫贱不能移"等思想。有的还做出了杀身成仁、舍生取义的壮举。所有这些正体现了中华民族爱国者那种高尚的思想品德和伟大的爱国主义情操。当代大学生应当深深铭刻，以拳拳之心报效祖国。

3. 爱国主义不仅是历史范畴，而且还是政治原则，它是衡量个人对祖国的基本政治态度和忠诚信仰的尺度

爱国主义是一个历史范畴，它是具体的而不是空洞的，它随着国家的形成而形成，随国家的消亡而消亡。爱国主义运动的具体形式、范围、规模，以及推动爱国主义运动前进的社会力量，是随着历史条件和历史阶段变化而发展变化的，在不同的历史时期，必然表现为不同的历史内容。自从有阶级以来，不同阶级的爱国主义就有着不同的内容。在奴隶社会，只有奴隶主阶级的爱国主义，他们把保卫自己的城邦，侵略别人的城邦和地域看作是爱国主义。在封建社会，地主阶级提倡的爱国主义是体现地主阶级意志和阶级利益的，他们把为君主"披肝沥胆""为臣不事二主"者作为爱国主义者的典范，实际是维护达官贵族的统治地位。总之，奴隶主阶级、封建地主阶级和资产阶级的爱国，其目的是维护他们的剥削制度，巩固他们的统治秩序。与此相反，无产阶级和劳动人民的爱国，则是反对反动统治阶级的压迫和剥削，保卫祖国和人民的利益。

就我国的历史而言，在鸦片战争以前，我国是一个闭关自守的封建社会，爱国主义主要表现为反对分裂、反对民族压迫、反对封建统治集团的昏庸腐败和封建专制，代表这种爱国主义的基本力量是农民。如从陈胜、吴广的"揭竿而起"到黄巾军的大起义，从王小波、李顺的"等贵贱，均贫富"到李自成的"均田免税"等，都是农民阶级在封建时期爱国的具体表现。当然，在封建社会统治阶级的内部，一些抗御外侵、维护祖国安全统一的爱国者，一些主张改革弊政、变法图强的仁人志士也起了积极的作用。其中，个别杰出人物在当时爱国主义运动中起着表率作用，如岳飞、文天祥、史可法等。鸦片战争以后，中国沦为半殖民地半封建社会，爱国主义也有了新的内容和特点。它主要表现为对外反对帝国主义列强的侵略，捍卫祖国的独立和领土完整；对内反对同列强相勾结而出卖祖国利益的反动统治阶级，要求改变造成祖国贫弱、阻碍祖国富强和民族振兴的封建专制制度，将民族革命与民主革命融为一体。

从洪秀全领导的太平天国革命到孙中山领导的辛亥革命，标志着这种爱国主

义运动的不断高涨和发展。中国共产党成为中国各族人民的领导力量以后,中国历史由旧民主主义革命阶段进入了新民主主义革命阶段。爱国主义运动出现了伟大的飞跃,注入了马克思、列宁主义无产阶级国际主义的新血液,它不仅以反帝、反封建为自己的奋斗目标,而且同取得中华民族的彻底解放、实现中国的社会主义前途紧密联系起来,同促进世界人民的革命事业联系起来,从而推动了中国人民爱国主义发展到一个崭新的历史阶段。在新的历史时期,爱国,必须促进祖国的社会进步,把祖国引入符合人类社会发展总趋势的道路上,引上通向富强、民主、文明、和谐的社会。爱国主义与社会主义的统一具有历史必然性。习近平总书记指出,有梦想、有机会、有奋斗,一切美好的东西都可以创造出来。这是对当代中国的热情歌颂。我们要实现中华民族的伟大复兴。这也正是历史赋于每一个人——拥护社会主义的爱国者和拥护祖国统一的爱国者、包括港澳台同胞和海外侨胞在内所有炎黄子孙的崇高使命。

爱国主义又是一项政治原则。热爱祖国就是维护国家的根本利益,是坚持正确的政治原则的重要体现。作为一项政治原则,它以法律的形式固定下来,作为个人对国家应尽的义务。我国宪法第二章指出:"中华人民共和国公民有维护国家统一和全国各民族团结的义务""中华人民共和国公民有维护祖国的安全、荣誉和利益的义务,不得有危害祖国的安全、荣誉和利益的行为""保卫祖国、抵抗侵略是中华人民共和国每一个公民的神圣职责"。与此同时,对惩处危害祖国的行为,在法律上也有许多明文规定。不热爱自己的祖国,甚至背叛祖国,那是同国家的根本利益不相容的,是背离了正确的政治原则的。任何人都不得危害祖国的利益,谁要是做出危害祖国的事情,就一定要受到应有的制裁。

二、爱国主义的基本特征

爱国主义情感是人们在社会实践过程中逐步形成的,它具有影响的深远性、超强的稳定性、情感的激励性、整体的国民性、行为的评价性和时代的阶级性等特点。

1. 爱国主义作为对自己祖国的一种崇高而深厚的感情,有着深远的影响性

祖国是一个最崇高、最神圣、最庄严而又最沉重的字眼,对于每一个国民来说,祖国意味着责任和奉献,也意味着骄傲和自豪。古往今来,人们都是把最亲切、最热烈、最深情的用语寄予它,以表达对自己祖国的无限崇敬和爱戴之情。很久以来,我们中华民族的祖先就在华夏这片土地上繁衍、生息。他们用自己的聪明才智,艰苦耕耘,立志装点河山,建设家园,从而创造了光华四射、辉煌灿烂的中华文化,推动了中华民族的繁荣兴盛,促进了人类文明的发展。他们用自己聪颖的智慧和勤劳的双手,树立起中华民族的自尊,铸就了中华民族的辉煌。

多少年来，这种深沉的爱国主义情感一直奔涌在炎黄子孙的血脉之中，激励着每个华夏儿女为祖国的繁荣昌盛而艰苦奋斗，创造了举不胜举的人间奇迹。在国富民安的今天，我国人民更是忘不了传统的美德，锐意进取，把爱国主义同社会主义融合在一起，建设中国特色社会主义，取得了举世瞩目的成就，使中华民族之魂再度震撼了世界，屹立于世界民族之林。

2. 爱国主义是一种坚定的稳固的感情

爱国主义是一种最深厚的感情。这种世代相传的爱国情感，是永远不会被随意改变的。我国著名的抗日英雄吉鸿昌将军因反对国民党卖国政府进攻中国工农红军，1931年被蒋介石强令出国。他在美国时，国民党政府驻英国大使馆的官员对他说："英国人是看不起我们中国人的，你最好不要暴露你是中国人的身份。"吉鸿昌听了十分气愤，立即制作了一块牌子，上面写着"我是中国人"五个大字，挂在胸前，昂首挺胸地在大街上行走，以做个堂堂正正的中国人为荣。19世纪波兰钢琴家、作曲家肖邦，为了为祖国争光而出国深造。临行时，他带了一捧国土，以此来鼓舞自己勤奋学习。后来，波兰沦亡，肖邦客死他乡。临终前，他还叮嘱姐姐将自己的心脏带回祖国，以表示他强烈的爱国之情。这种对祖国的爱是永恒的、坚定的，不管你身在祖国还是远离国土，也不管你的祖国是贫穷还是富强，祖国永远是祖国，在祖国母亲的面前，她的儿女应永远拥有永恒的爱。

3. 爱国主义具有深沉的情感激励性

慷慨激昂的爱国情感不知激励了多少坚贞的爱国者前赴后继，赴汤蹈火。历史的经验反复证明，在中华民族历史发展的各个阶段上，这种根植于华夏大地并已经过千百年的锤炼巩固起来的爱国主义精神从来就是一种巨大的精神力量。正是因为这种爱国主义精神，才使中华民族有如黄河、长江汇集百川那样，吸收汇聚了众多的大小民族，历经几千年的大风大浪和兴衰变化而一直稳固地凝聚在一起，并且一直保持着伟大民族的勃勃生机和活力，巍然屹立于世界的东方。正是因为有了这种爱国主义精神，才使得中华民族"江山代有人才出，各领风骚数百年"。他们同广大中国人民一起创造了光彩夺目的中华文明，并对东方及世界的文化产生了深刻的影响。也正是这种爱国主义精神，才使得外国的入侵者，从踏入中国土地的第一天起，就遇到了中国人民的拼死抵抗，才使得无数的忠诚儿女，为了祖国的尊严和利益，为了祖国的强大和繁荣，呕心沥血，发奋图强，自强不息，奋斗不已。

爱国主义还具有整体的国民性。爱国主义是每个民族和国家的精神支柱。几千年来，中华民族历尽了无数内忧外患，甚至几临绝境，但是始终维系不坠，保持着祖国的统一和民族的团结。这固然有经济、政治和社会历史多方面的原因，但根本原因之一，还是我国人民在爱国主义精神激励下的自强不息、维护祖国团结和统一的伟大的凝聚力和生命力起了巨大的作用。爱国主义这种整体的国民性和社会的整体发展推动了祖国历史的前进。

4. 爱国主义具有行为的评价性和时代的阶级性

不同的阶级、不同的时代，爱国主义有着不同的内容。爱国主义作为一种道德规范，是衡量人们行为的美与丑、是与非、颂扬还是唾弃、效法还是惩戒的一种标准。长期以来，人们一直用爱国主义来要求和评价人们的行为和道德水平。爱国主义作为共同思想感情的集中表现，由于公民所处的经济地位不同、阶级利益不同，反映在文化、心理素质和思想感情上也有对立的一面。公民思想感情上的统一和对立，构成了阶级社会中爱国主义的本质特征。所以，对爱国主义必须进行历史的、阶级的分析，从而做出正确的评价。

剥削阶级的爱国主义，主要是自己所掌握的国家政权，维护自己的个人私利。尽管剥削阶级总是把自己阶级的利益说成是祖国的利益，但是这种利益并不能代表祖国人民的利益。与之相反，劳动人民的爱国主义才是真诚的、坚定的。他们以自己的辛勤劳动，创造了祖国物质财富和精神财富，推动着祖国的历史车轮不断前进，特别是在祖国遭受外敌侵略，民族利益处于生死存亡的关头，他们甚至不惜用自己的鲜血和生命保卫祖国的领土，维护民族利益，表现了可贵的爱国主义精神。我们说这才是真正值得讴歌颂扬的爱国主义精神，才是得以名垂青史的爱国主义精神。而剥削阶级的爱国主义则只能是具有狭隘思想和局限性的爱国主义。当代中国人民的爱国主义是无产阶级的爱国主义，它主要表现为热爱伟大的中华人民共和国，热爱中国共产党，热爱社会主义制度，热爱祖国的人民、疆土、资源、文化和民族的历史传统，具有民族自尊心和自豪感，鄙视崇洋媚外和自卑心理，自觉为民族昌盛、振兴中华、维护民族团结大业而奋斗。

第二部分：弘扬爱国主义优良传统

泱泱神州，悠悠千载，炎黄子孙经过无数次激发、凝聚、升华，形成了具有自身特色的爱国主义民族精神。这是中华民族生存的能源，是中华民族发展的动力，更是弘扬爱国主义精神的时代的召唤。

一、爱国主义是中华民族的优良传统

中华民族悠久的历史和丰富的社会生活孕育了我国各族人民的爱国主义优良传统，使我国人民有着强烈的民族意识。鲁迅先生曾经说道："中国唯有国魂是最可贵的"，"我们自古以来，就有埋头苦干的人，有拼命硬干的人，有为民请命的人，有舍身求法的人……这就是中国的脊梁"。中华民族是一个具有优良爱国主义传统的民族，中国人民历来就有着自强不息、艰苦奋斗的战斗精神。

战国时代，楚国的屈原，面对当时国内的政治形势，对外主张联齐抗秦，对内要求严法明纪，选贤任能，但因小人诽谤和迫害，而被楚襄王放逐江南，可是他始终不忘自己的祖国和人民，尽管颠沛流离，却坚决表示"虽九死其犹未悔，伏清白以死直"。后来，他眼看自己无力挽救楚国的危亡，又深感政治理想的破灭，投身汨罗江而自沉，表现了崇高的爱国主义情操。我国人民每年过的端午节，就是为了纪念这位伟大的爱国者。南宋文天祥的一句"人生自古谁无死，留取丹心照汗青"，那种浩然正气跃然纸上，一直被历代所传诵。到了近代，中国人民的爱国主义精神更加高昂。自鸦片战争开始，涌现出禁烟抗英的林则徐，血战虎门为国捐躯的关天培，黄海大战以身殉国的邓世昌，甲午海战宁死不降的丁汝昌等一大批民族英雄，表现了可歌可泣的爱国精神，值得后人学习。

中国人民的爱国主义传统，在中国共产党领导的革命斗争中，得到了最集中、最光辉的体现和重大的发展。以毛泽东同志为代表的中国共产党人，在俄国十月革命的影响下，把马克思列宁主义普遍真理与中国革命实践相结合，正确地解决了中国革命的道路问题。中国人民在中国共产党的领导下，经过28年的浴血奋战，推翻了帝国主义、封建主义和官僚资本主义在中国的统治，建立了中国历史上第一个人民当家作主的社会主义国家，完成了近代中国许多爱国主义者所不能完成的事业，中国共产党是最忠诚、最坚定、最执着的爱国主义代表。

在中国共产党的领导和教育下，中国人民大众特别是知识分子，也高度继承和发展了中华民族的爱国主义精神。朱自清先生在抗日战争爆发后，正值在西南联大任教，他一边教学，一边用他的诗文揭露黑暗的现实，歌颂学生的爱国精神，呼唤新中国的诞生。1943年，他在《新中国在望中》写道："抗战的中国在我们的手里，胜利的中国在我们面前，新生的中国在我们的望中。"他说："诗人是时代的先驱，他有义务先创造一个新中国在他的诗里。"抗战结束后，他进一步认清了国民党的反动本质，积极参加民主斗争，为抗议美国扶植日本，断然拒绝美国的施舍，宁可饿死，也不领美国的"救济粮"，直到临终前还嘱咐家人："我们家不要买国民党配给的美国面粉。"表现了我们民族的英雄气概。我国现代作家郭沫若，少年时代就接受了以孙中山为代表的中国革命民主派的主张，积极投身爱国运动。辛亥革命失败后，他曾一度陷入苦闷之中，为学习近代科学技术，只身赴日本留学，并积极从事反帝反封建的革命文化活动。1924年以后，接受马克思主义思想，倡导革命文学，以充满革命激情的诗歌创作，歌颂人民革命，有力回击了当时反革命文化围剿，支持以鲁迅为首的国内左翼文艺运动。卢沟桥事变后，他又立即投身到民族解放斗争之中，从事抗日救亡运动一直到晚年，郭沫若虽然经历了严峻的考验，受到了"四人帮"的迫害，但并未使其屈服，他始终坚持站在爱国者的前列，为祖国做出了卓越的贡献。他学识渊博，才华横溢，以及他那灼灼的爱国主义热忱，一直激励着后人。

中国青年，特别是学生，也有着光荣的爱国主义传统。从东汉时的郭秦、贾彪到宋钦宗时的陈东，以至明末东林书院的学生们，都标榜着中华民族青年学生的拳拳爱国之心。到了现代，中国青年学生的爱国运动更是蓬勃发展。1919年如火如荼的五四运动，不仅使北洋军阀政府惊恐万状，而且使得帝国主义者也大为震骇。毛泽东同志曾高度赞扬五四运动和爱国青年学生，说：五四运动表现出中国反帝反封建的资产阶级民主革命已发展到一个新的阶段。五四以后，广大青年和学生在中国共产党的领导下，又相继参加了五卅运动、北伐战争、抗日战争和解放战争等伟大的爱国主义运动，并且总是站在斗争的最前列。中华人民共和国成立后，他们又以辛勤的劳动汗水为祖国的繁荣富强做出了重大贡献。

我们中华民族的爱国主义传统还表现在维护中华民族的团结和统一，反对侵略，捍卫祖国独立和统一，创造中华文明，推动社会进步等方面。

我们的祖国自古以来就是一个多民族的国家，在共同缔造中华文明的伟大实践中，各民族之间结成了唇齿相依、生死与共的兄弟情谊。从秦始皇率先拉开祖国统一的序幕到1840年鸦片战争的爆发，长达2000多年的时间里，生活在神州大地的各民族，被共同的经济生活、文化生活、风俗习惯、心理特征等紧紧地联系在一起，形成了任何分裂势力再也拆不散、摧不垮的强大的民族凝聚力和向心力，形成了反对分裂、维护统一的爱国传统。从古到今，我国各族人民无不渴望统一，支持统一。孔子大统一的主张，曹操统一全国的勃勃雄心，康有为爱大中华、爱统一的言论，孙中山寻求和平统一的志向，无不渗透着中国人民渴望统一的强烈愿望。历史经验告诉我们，凡是在我们的国家和平统一的时期，经济、文化就发展、进步，统一则强大，分裂则衰败。千百年来，中华民族之所以在被外敌入侵、列强凌辱的状况下，能够万众一心、同仇敌忾，其中一个根本原因就在于中华民族自古以来就是一个多民族的国家，中华大统一的思想根深蒂固。

中华民族从建立统一的国家的那一天起，就建立了强烈的支持统一、反对分裂的民族感情。历史上的国家分裂从来都是暂时的，从来都是不得人心的，从来都是人民所坚决反对的。为了维护祖国的完整和统一，伟大的中国人民进行了艰苦卓绝的斗争，进行了坚持不懈的努力。在他们当中涌现出了一大批为祖国统一而浴血奋战、为祖国统一而英勇献身的爱国志士，他们的爱国壮举彪炳史册。中华人民共和国成立后，实现了除港、澳、台以外的全国大统一，永远结束了四分五裂、任人宰割的历史。中华人民共和国成立后，特别是十一届三中全会以来，我党为了实现祖国的全面统一，提出了"一国两制"的构想，并以此原则基本解决了香港、澳门问题。我们相信按照"一国两制"的原则，我们也一定能够实现台湾回归祖国，完成祖国统一的大业。

祖国统一是时代的需要，是民族的需要，是人民的需要，也是我们这一代中国人所肩负的神圣使命。因此，一切爱国的中国人，不论他来自哪个阶级、政党、团体，不论他来自哪个民族和地区，都应当携起手来，团结合作，竭尽全力，为完成祖国统一的千秋伟业贡献我们毕生的力量。

中华民族是勤劳、勇敢、智慧，富于创造精神的伟大民族。在我国古代历史上，各族人民用自己的辛勤劳动，共同创造了光辉灿烂的中华文明，既为祖国赢得了荣誉，也为人类文化做出了贡献。

我国古代人民在创造中华文明的实践中所取得的卓越成就，主要表现在以下四个方面：

一是开创了发达的农业，使我国成为世界上许多农作物的起源中心。

二是开创了先进的手工业，其中丝绸织品、陶器早已流芳于世。

三是创造了举世闻名的科学技术。尤其是四大发明，为人类进步做出了举世公认的贡献。

四是创造了光彩夺目的古代文化。我国古代著名的文学家、艺术家群星璀璨、光芒四射，他们为中华民族文明的繁荣兴旺和世界文明做出了杰出贡献。

我国古代人民不仅以自己无穷的智慧和勤劳的双手创造了光辉灿烂的中华文明，而且，以刀枪和热血进行了无数次的革命斗争，推动着中国社会的不断进步。当衰败腐朽的王朝发展到不推翻它人民就无法生存，社会就不能前进的时候，一些被压迫、被剥削阶级的杰出代表则揭竿而起，率领千百万贫苦人民举行武装起义。仅在两千多年的封建社会里，广大农民为了反抗地主阶级残酷的剥削和压迫，就举行了大小数百次的起义，起义次数之多，规模之大，都是世界历史上所罕见的。尽管这些起义都以失败而告终，但是每一次农民战争都给封建势力以沉重打击，从而使新王朝的统治者不得不汲取前朝覆亡的教训，采取一些与民休养生息的政策，这在客观上有利于社会局势的安定，有利于生产力的恢复与发展。正如毛泽东所说："在中国封建社会里，只有这种农民的阶级斗争、农民的起义和农民战争，才是历史发展的真正动力。因为，每一次较大的农民起义和农民战争的结果，都打击了当时的封建统治，因而也就多少推动了社会生产力的发展。"

中国古代人民为促进社会进步的斗争，不仅表现在武装起义方面，而且还表现在改革弊政方面。当社会矛盾逐渐尖锐而发生政治或经济危机时，一些具有远见的政治家、改革家则顺应历史潮流，积极改革弊政，力图达到治国安民的目的。历史上有名的商鞅变法、王安石变法，以及东晋王猛、唐朝魏征、明清之际的顾炎武等人的改革，对我国社会的进步与发展也起到了积极作用。虽然，这些改革有其时代局限性，但有利于社会安定和经济发展，符合人民和祖国的利益，也具有爱国的性质，受到了后人的永远敬佩和仰慕。

二、继承和发扬爱国主义的优良传统

爱国主义是中华民族的崇高美德。在新的历史条件下，我们应该怎样继承和发扬爱国主义的优良传统呢？

1. 要认真学习和深刻了解我们的历史，尤其是近代史、现代史，增强民族自尊心和民族自豪感

我们的祖国是一个历史悠久的文明古国。长期以来，雄伟壮丽的河山，光辉灿烂的文明，自强不息的革命传统，培养了中华民族高昂激扬的民族自尊心和自豪感。在近代，虽然中国暂时落后了，但中华民族的民族自尊心和民族自豪感不但没有因此淹没，而且更加激发了振兴中华的自信心。今天，中华民族的历史翻开了新的篇章，我们为祖国取得的社会主义物质文明和精神文明建设的伟大成果而自豪。社会主义制度如阳光雨露，使古老的中华文明焕发青春。尽管我们的新中国是在经过长期战争破坏，经济文化在极其落后的基础上起步，尽管有过曲折，有过失误，但还是彻底改变了旧时代中国人受歧视受凌辱的历史。我国执行独立自主的和平外交政策，在和平共处五项基本原则基础上发展同一切国家的友好关系，反对霸权主义和强权政治，支持被压迫民族和被压迫人民的正义斗争，维护世界和平，促进人类进步，为中国赢得了崇高的荣誉和地位。在海外工作居住的中国人都在切身处境的变化中，感受到了国际上对中国和中国人民的友好和尊重，感受到了"中国人民站起来了"的真正含义。一切真正的爱国者都为中国的独立、繁荣、富强及其所享有的崇高的国际地位而感到由衷的自豪和欢欣鼓舞。

2. 要坚信社会主义的优越性，热爱社会主义中国

在今日中国谈爱国，不热爱社会主义制度是不现实的，也是不可思议的。继承和发扬爱国主义传统与热爱社会主义制度是一致的。历史证明，坚持捍卫中华民族尊严，期望中华繁荣昌盛的爱国者，大都会成为忠诚的社会主义者或社会主义的可靠朋友。振兴中华，必须坚持社会主义方向，走有中国特色的社会主义道路。我们对社会主义的优越性应当坚信不疑，走社会主义道路的决心应当坚定不移。国外敌对势力企图通过"和平演变"颠覆中国的社会主义制度，变中国为西方大国的附庸。也有极少数仇视我国人民民主专政制度的民族败类，不仅反对社会主义制度，而且投靠国外敌对势力乞求外国制裁中国，进行危害祖国、反对人民的活动，充分暴露出他们反对社会主义、进行卖国活动的反动立场和丑恶灵魂。他们连国格、人格都不要了，还有什么资格谈论爱国主义。

3. 要正确认识和对待我国的现状，发扬为振兴中华而奋发图强的精神

对于我们国家的现状，一方面我们要看到，经过多年的社会主义建设，我们的国家已经成为繁荣昌盛的国家；另一方面我们也要看到，我们国家同发达国家相比，还比较贫穷和落后，造成这种状况的根本原因是过去封建势力的残酷统治和帝国主义的疯狂掠夺，这是历史遗留下来的。诚然，在我们党的领导下，我们人民正以比资本主义国家高得多的经济发展速度，力争摆脱这种落后面貌，缩小与发达国家的差距。但是贫穷落后面貌的改变，要经过一个很长的历史过程。作为一个中国人，应当正确对待祖国暂时的贫穷和落后，要树立高度的民族自尊、自信、自强精神，永远不甘心贫穷，永远不甘心落后，要励精图治，奋发图强，自觉地和祖国社会主义现代化建设事业同呼吸、共命运，在自己的岗位上努力学习，辛勤劳作，促进安定团结，促进建设和改革。我们青年学生更应做到有爱国之情、报国之志、建国之才和效国之行。爱国之情，就是关心祖国的荣辱兴衰，并准备随时为它献身的炽热感情；报国之志，就是振兴中华的雄心壮志；建国之才，就是建设祖国和保卫祖国的本领；效国之行，就是把强烈的爱国热情、远大的报国志向化为实际行动，脚踏实地投身爱国主义实践，成就事业，身体力行，为祖国的发展建设无私地奉献自己的聪明才智。

第九节 新媒体时代下要强化大学生纪律观念、树立科学人生观

第一部分：加强大学生纪律修养，自觉遵守纪律

大学生认识纪律的本质和功能的目的是为了增强纪律观念，在实践中加强自身的纪律修养，提高遵守纪律的自觉性。纪律的内容十分丰富，对于大学生来讲，最重要的是遵守政治纪律和学校的学习纪律。

一、遵守政治纪律，维护安定团结

列宁说道："任何一个新的社会制度都要求人与人之间有新的关系，新的纪律。"社会主义制度作为人类历史发展的崭新的社会制度，它必然要求继承以往一切文明的优秀成果，建立起与过去一切时代有着本质区别的新的关系、新的纪律。这是社会主义精神文明建设的一个重要内容。

在我国社会主义条件下，遵守纪律，首先是遵守党和国家的政治纪律。政治纪律是我们统一全党和全国各族人民思想和行动的根本原则。当前，遵守政治纪律，就是坚持共产党的领导，坚持社会主义道路，坚持马克思主义、毛泽东思想、邓小平理论、"三个代表"重要思想和科学发展观，坚定不移地贯彻执行党的基本路线和各项方针政策，自觉地同党中央保持政治上和思想上的一致。党中央一再强调坚持四项基本原则的重要性，认为这是立国之本，是全国各族人民大团结的政治基础，是顺利进行经济建设的可靠保证。如果怀疑、否定、动摇四项基本原

则,党就失去了战斗力,人民就没有了前进的方向,我们的事业就失去了胜利的基础。我们必须从思想上认识遵守党和国家政治纪律的极端重要性,规范自己的言论和行动,不说不利于国家的话,不做不利于国家的事。

遵守党和国家的政治纪律,坚持四项基本原则,还必须十分珍惜安定团结的大好形势,应该像爱护自己的眼睛一样维护我们社会的安定团结。历史经验告诉人们:"没有一个安定团结的政治局向,就不能安下心来搞建设""稳定是压倒一切的"。在我们这样一个大国搞建设、搞改革、搞社会主义,没有稳定的政治制度是不行的,保持社会和政治稳定是改革开放和发展经济的前提条件,在社会动乱中不可能进行改革,也绝不可能发展经济,治则兴,乱则衰,古今中外,概莫能外。人心思治、人心思稳是社会发展的大趋势,保持社会和政治的长期稳定,符合我国人民的根本利益,也符合世界人民的根本利益,其根本目的是为了更好地改革开放,更好地发展经济,使人民安居乐业。

二、践行大学生《高等学校学生行为准则》

每所大学都有自己的校规校纪,诸如学籍管理制度、考试制度、课堂管理制度等等。为了全面贯彻党的教育方针,加强高等学校学生思想政治教育工作,引导学生坚定理想信念,形成良好的道德品质,养成文明行为习惯,勤奋学习,强健体魄,成为社会主义合格建设者和可靠接班人,教育部对原国家教育委员会制定的《高等学校学生行为准则(试行)》〔(89)教政字003号〕做了修订,颁布了《高等学校学生行为准则》。《行为准则》对大学生的行为提出了全面的要求,它是国家和学校对大学生的基本要求,是检验大学生是否合格的重要标准。每个大学生都应该积极地学习《行为准则》,自觉地履行《行为准则》,用《行为准则》的要求来规范自己的行为,做合格的社会主义大学生。

教育部印发的《高等学校学生准则》的主要内容是:

志存高远,坚定信念。努力学习马克思列宁主义、毛泽东思想、邓小平理论和"三个代表"重要思想,面向世界,了解国情,确立在中国共产党领导下走社会主义道路、实现中华民族伟大复兴的共同理想和坚定信念,努力成为有理想、有道德、有文化、有纪律的社会主义新人。

热爱祖国,服务人民。弘扬民族精神,维护国家利益和民族团结。不参与违反四项基本原则、影响国家统一和社会稳定的活动。培养同人民群众的深厚感情,正确处理国家、集体和个人三者利益关系,增强社会责任感,甘愿为祖国为人民奉献。

勤奋学习,自强不息。追求真理,崇尚科学;刻苦钻研,严谨求实;积极实践,勇于创新;珍惜时间,学业有成。

遵纪守法，弘扬正气。遵守宪法、法律法规，遵守校纪校规；正确行使权利，依法履行义务；敬廉崇洁，公道正派；敢于并善于同各种违法违纪行为作斗争。

诚实守信，严于律己。履约践诺，知行统一；遵从学术规范，恪守学术道德，不作弊，不剽窃；自尊自爱，自省自律；文明使用互联网；自觉抵制黄、赌、毒等不良诱惑。

明礼修身，团结友爱。弘扬传统美德，遵守社会公德，男女交往文明；关心集体，爱护公物，热心公益；尊敬师长，友爱同学，团结合作；仪表整洁，待人礼貌；豁达宽容，积极向上。

勤俭节约，艰苦奋斗。热爱劳动，珍惜他人和社会劳动成果；生活俭朴，杜绝浪费；不追求超越自身和家庭实际的物质享受。

强健体魄，热爱生活。积极参加文体活动，提高身体素质，保持心理健康；磨砺意志，不怕挫折，提高适应能力；增强安全意识，防止意外事故；关爱自然，爱护环境，珍惜资源。

三、自觉遵守校规校纪

学校的规章制度同《行为准则》一样，都是大学生在校期间的行为规范。学校的规章制度对贯彻执行党的教育方针，树立良好的校风，培养合格的社会主义建设者和接班人都起着保证作用。

1. 学校各项规章制度的内容

所谓学校的规章制度，就是学校用条文形式表现的，要求全体成员共同遵守的，按一定秩序办事的规矩。它是在多年办学经验的基础上制定的，是学校各项工作顺利进行的重要措施，是全体成员的行为准则。学校的规章制度内容丰富，涉及各个方面。其中和学生直接有关的规章制度，归纳起来分三个方面：

（1）政治性的规章制度

这类内容是从方向上对大学生的要求。除《行为准则》中的有关规定外，还有学生管理制度和"三好"学生、优秀学生干部、先进班集体、奖学金条件的有关规定。因为，这种规章制度是带有方向性的，所以，要求每一个大学生必须严格遵守。

（2）专业学习性的规章制度

这类规章制度主要是围绕着同学们的学习问题而制定的。如《学籍管理实施细则》《实验室规则》《考试制度》《图书馆书刊借阅规则》《学生实习纪律》《奖学金制度》等。这些规章制度起着保证正常的学习秩序的作用。没有这些制度，大学生就无法开展正常的学习活动，学校也不能保持正常的教学秩序。

(3) 生活性的规章制度

这些规章制度主要是围绕着同学们的正常生活而制定的。如《学生宿舍管理制度》《食堂管理制度》《校园网络使用制度》等。这些都是为了保证学生在学校的正常生活秩序而制定的。

应该指出的是，各类规章制度的内容各有侧重，但其内容和作用是相互联系、相互作用的。在这类规章制度中，《行为准则》是中心。它全面地规定了学生在政治、学习、生活以及其他方面的行为规范。这就要求我们在日常学习时把《行为准则》作为中心，并要求同学们养成严格遵守的习惯。

2. 学校各项规章制度的作用

学校的各项规章制度是实现培养目标的重要措施和保证。没有这些具体的规章制度，学校就无法保证各项工作的顺利进行，完成培养合格人才的任务也将是一句空话。

高等学校的各项规章制度是我们党的民主集中制原则的体现。民主集中制是我们的组织原则和社会主义纪律的核心，也是学校各项规章制度遵循的原则。人总是要生活在一个集体当中的，在社会主义条件下，要求每一个人必须按民主集中制的原则办事，自觉遵守和执行学校的各项规章制度。

学校各项规章是同学们健康成长的需要。一个单位、一个集体为了完成自身不同职能部门的任务，必须制订一定的规章制度，形成人们的行为规范，才能顺利开展工作。学校也是这样，如果学校没有各项规章制度，其教学、科研和管理工作就难以进行，就不能完成各项工作任务。试想，教室无管理规则，图书馆没有一个借阅制度，宿舍制度大家都不遵守，那将是多么混乱的局面？如果是这样，真正的受害者当然是学生自身。因此，大学生应把遵守学校各项规章制度同自己的切身利益紧密联系起来，提高遵守校规校纪的自觉性。

3. 自觉遵守和执行学校的各项规章制度

既然学校的各项规章制度对完成整个培养目标和保证学生健康成长都有重要作用，那么每个大学生自然就要自觉遵守它。

(1) 认真学习学校各项规章制度，增强纪律观念

道德的要求是知和行的统一，但知是前提。大学生要想自觉遵守学校各项规章制度，就要首先弄清楚内容，这是不可缺少的，而且是重要的一环。

在大学生中还存在一些不正确思想倾向，这是导致一些大学生发生违纪行为的直接因素。主要包括以下几个方面：

存在所谓"守纪吃亏"的观念。这样的人在很大程度上受社会上一些违纪现象的影响，加之自身缺乏纪律修养形成的。因此，一旦自身利益受到损害后，就不能正确认识问题。例如，司空见惯的食堂就餐，当有人"插空加塞"得了便宜

时,他不但不去劝阻、批评指点,反而认为他能插,我为什么不能插?于是便会随之去插队。

存在所谓"互不干涉"的观念。这些人以不限制他人为自己的行为准则,只要在日常生活中我不限制你,你也就无权干涉我。至于其行为是否违反纪律,则不是主要的,大有玩世不恭的味道。比如,有的学生在大家都入睡休息时,仍沉浸于自己的小天地,听录音、看小说,完全不考虑自己的行为是否影响周围同学的学习、生活,想什么时候睡就什么时候睡,想什么时候起就什么时候起,没有统一的纪律观念。

存在所谓"法不责众"的观念。有这种思想的人平时会注意自己的言行,可是当身边的人违反纪律时,便不再坚持自己正确的看法。例如,学校规定学生不准酗酒,可是同房间的同学举起酒杯畅饮以后,他也参与其中,以显示自己"随和"。

存在所谓"开放就应放松"的观念。随着改革开放的深化,有些学生认为,现在整个社会都在创新创造,好多过去固守的条条框框都打破了,学校还有什么必要对学生进行条条框框的限制?认为学校的规章制度是多余的,大学生应按自己的"个性"和"价值观念"自由地发展。

存在所谓"哥们儿至上"的观念。有些学生对新时期人际关系学认识扭曲,认为人与人之间虚伪造作,只有"铁哥们儿"才是"真实的""实惠的"。于是,在人际交往中,他们积极主动地营造小圈子,汇聚一些同乡、同趣者形成小团体,自恃有些"实力",随心所欲地违反集体纪律,甚至打架斗殴、聚众滋事。

存在所谓"我行我素"的观念。有这种思想的人,受无政府主义思想影响较深,认为一切事由自己对自己负责,只要自己不伤害别人,别人就不该干涉自己的一切。有这种思想的人,从根本上忘记了自己的社会责任。

以上这些不正确认识,影响一些大学生提高遵守纪律的自觉性,应引起充分重视并加以引导和修正。

(2) 在实践中养成习惯

人们常说:习惯成自然。这就足以说明习惯的作用。良好习惯的养成都是在实践中进行的,这就要求广大学生在实践中养成遵守学校各项规章制度的习惯。上课注意听讲,不做学习外的事,不妨碍他人听讲和学习;在实验室,要一切行动听从指挥,认真做实验;在阅览室,不大声喧哗,更不准把自己需要和喜欢的资料窃为己有;在宿舍,认真执行宿舍管理制度,搞好室内外卫生和个人卫生,内务整洁,不随地吐痰,不随便向外倒污水,不私装电器和乱拉电线,遵守作息时间,不影响其他人休息;在食堂,必须遵守就餐秩序,不加塞,不拥挤,不浪费食品,尊重炊管人员;在会场自觉遵守秩序,不迟到,不早退,不大声喧哗,更不能起哄，喝倒彩，鼓倒掌；自觉遵守请假制度等。如果能自觉做到这些，就能在不断的实践中，养成自觉遵守学校各项规章制度的习惯。其次，在养成好习惯的过程中，要培养自制能力。很多学生违反纪律往往因为不能控制自己。连自己都管不住的人，是不会有太大作为的。要想克制自己的不良行为，就要注意行为的训练和培养。这些也需要在日常学习生活中进行。

（3）勇于开展批评和自我批评

批评与自我批评是解决人民内部矛盾的一种方法，也是大学生自我认识、自我教育的一种措施。自我批评，是对自我的一种认识。如果能在实践中正确认识自己，就会在发现自己不良行为时加以改正，使自己成为遵守各项规章制度的模范。批评就是对别人的不良行为给予规劝，以便别人改正。如果每个大学生都能正确对待批评与自我批评，那么，绝大多数同学都会成为自觉遵守各项规章制度的模范。

第二部分：树立马克思主义人生观

何为人生？怎样正确地度过人生？这是每一个人都要面临的课题，也是历代思想家、哲学家、伦理学家始终研究的一个问题。但在马克思主义产生之前，他们都没能得出正确的回答。

马克思主义世界观科学地揭示了人生的奥秘，为人们正确地认识人生提供了科学的理论依据。马克思和恩格斯在《共产党宣言》中深刻指出："过去的一切运动都是少数人的或为少数人谋利益的运动，无产阶级的运动是绝大多数人的，为绝大多数人谋利益的独立运动。""为绝大多数人谋利益"，这不仅是无产阶级革命运动的宗旨，同时也是对无产阶级的人生观的高度概括。从此，无产阶级的科学人生观以崭新的面貌出现在人类社会之中。

今天，在经济飞速发展的新形势下，牢固地树立马克思主义人生观，对社会主义物质文明和精神文明建设，对于广大青年思想道德境界的升华都具有积极的促进作用。

大学时代是大学生形成、确立科学的世界观和人生观的关键时期。科学的世界观和人生观能帮助广大学生在人生道路选择的关键时期，把握人生的航向，争做人生主人，成为合格的社会主义建设者和接班人。这既是大学培养目标的要求，也是党和人民的热切期望，是大学生自身成长、成才、成功的决定因素和基本需要。

一、马克思主义人生观的特征

在人类历史的长河中，从古至今已经不知有多少人对人生做了种种描述，但是，在马克思主义产生之前，所有的关于人生的观点都没有能够科学地揭示出人生的本质。马克思主义认为人生是现实的社会实践过程，是人们改造自然、改造社会的历程。马克思主义人生观是符合人类发展的客观规律的，是积极的、进步的人生观，因而是科学的人生观。它不同于一切剥削阶级的人生观，也不同于其他劳动阶级的人生观。它不仅继承了历史上各种进步的人生观的优良传统，而且是在现代大工业所造成的社会历史条件的基础上，在社会实践的检验中形成并完善的。

二、马克思主义人生观的社会功能

1. 树立马克思主义人生观的方法

人生观作为一种思想观念是表现在个体身上的，而每个人的政治觉悟、道德品质、心理因素又不尽相同。对于每一个人来说，人生观不是先天就有的，而是在后天的社会实践中，在矛盾重重的人生道路中经过长期的、艰苦的磨炼培养形成的。它的形成过程是一个由较低层次逐步向较高层次发展的过程。人生观既包括人们对人生的认识，也包括人们实践人生目的的行为。因此，它的形成也是认识和行为这对矛盾的辩证统一的发展过程。此外，人们的情感、信念，以及一定的意志品质在人生观的形成过程中也起着至关重要的作用。

树立马克思主义的人生观，需要有长期的、艰苦的培养和锻炼的过程。具体地说，树立马克思主义的人生观应该坚持以下几点：

第一，用马克思主义的科学的世界观武装自己。人生观是由世界观决定的，有什么的世界观，就会建立与之相适应的人生观。马克思主义的辩证唯物主义和历史唯物主义，是我们观察人生、认识人生、对待人生的思想武器。加里宁说过，要成为一个坚强的共产主义者，首先要有坚定的共产主义世界观。科学的世界观能够帮助我们正确地、全面地了解自己、了解社会，建立坚定的信念，做生活的强者。

第二，在社会实践中培养锻炼自己，增长才干，学习一切先进的东西。在实践中检验自己的人生观是否正确，是否切合实际。实践是知识的来源，是马克思主义科学的人生观形成的基础，实践是检验真理的唯一标准。看一个人的人生观是否正确，主要是看他能否经得起社会实践的检验。社会实践的过程也是实现为人民服务的人生观、实现人生意义的途径。因此，离开了实践，离开了现实的社会生活来讲人生，只能是抽象的人生，任何的雄心壮志也只能是一种空想。因此，大学生应该自觉地投入到社会实践中去，在实践中健康成长。

第三，自觉抵制社会中各种错误人生观的腐蚀和影响。由于我们的社会正处于社会主义的初级阶段，因此它在很多方面，特别是在意识形态方面，旧的传统观念还有很大的影响。由于我们深化改革，势必会有一些资产阶级的腐朽的人生观念在现实生活中反映出来。这些腐朽的、错误的人生观，以及形形色色的人生哲学，通过各种渠道腐蚀和影响着人们，特别是对青少年危害更大。因此，反对各种腐朽的人生观念的斗争，是一个长期的、艰巨的任务，对此要有一个比较清醒的认识，要用科学的观点、方法去认真地鉴别，取其精华，去其糟粕，提高反侵蚀的能力。

2. 马克思主义人生观的社会功能

（1）人生观是确定人生方向和选择人生道路的指南

人生观对人生实践起着方向盘的作用。在多种可供选择的人生方向途径上，科学的人生观能够帮助人们辨明方向，识别美丑、善恶，朝着既定的人生目标迈进。而错误的人生观则会在人生的道路上引导人们走上歧途，踏上邪路。大学时代是人生道路选择的十字路口，对处于即将走向社会的广大青年学生来说，树立什么样的人生观，选择什么样的人生之路，都是关系到整个人生的大问题。马克思主义的人生观能帮助大学生在这个人生的十字路口进行正确的人生选择，帮助大学生认识、了解应当怎样走人生之路，为什么要走这样的人生之路，从而引导大学生选择一条正确的人生之路。

（2）人生观从根本上决定和影响着人生的出发点和归宿

人为什么活着、怎样活着才有价值，这是人生观的核心内容，是一个人在一生中首先要解决的问题。一个人是为人民的幸福、祖国的前途命运无私地奉献，还是追求个人享受，吃喝玩乐，这实际反映的是人生的出发点和归宿点的方向问题。科学的人生观能帮助人们把人生的出发点和归宿点规定在正确的位置上。广大的青年学生正处于观察人生、思考人生、规划人生、设计人生目标的关键时期，如能把握住人生的起始点和方向，就能在人生的实践过程中，减少失败，增加成功的机会。

（3）人生观是建立政治观、制约道德观的思想基础

人生观是一个人政治思想、道德素质的重要组成部分。因此，人生观决定着人们的思想意识性质和道德水平。一个人的政治观是人生观的集中体现，因此，人生观是建立政治观的基础。一个人的政治观的形成是一个复杂的过程，在这个过程中人生观、价值观的状况和性质，则是形成政治观的重要的思想基础。对于我国进行社会主义现代化建设的今天，树立科学的人生观，能使全国人民牢固地坚定社会主义的信念，按照社会主义的思想，建立无产阶级的政治观。同时，人生观制约着道德观，调节着个人和他人、个人和集体、个人和社会、个人与自然的关系。可以说，有什么样的人生观就会产生与之相适应的道德观。只有树立科学的人生观，才有可能培养出社会主义条件下的高尚的道德品质。

第四章 思想政治理论课"实践论"教学模块

实践教育是指以学生为主体，以学校为依托，以社会为舞台，通过实践教育，引导大学生接触社会、了解社会、服务社会，并使大学生从中受到教育、得到锻炼、增长才干，树立正确的世界观、人生观和价值观。

"思想政治理论课主要承担着对大学生进行理想信念教育，引导他们树立正确的世界观、人生观、价值观的重要任务。大学生所处的年龄，正是人的一生中世界观走向稳定的重要阶段。然而，学生世界观、人生观和价值观的形成和确立，不仅要掌握科学的理论体系，还需要有实践基础，通过实践使学生在参与中亲身体验、主动探究现实中的问题，验证所学的理论知识、基本原理，并运用所学理论分析问题、解决问题，使学生在实践中身心得到锻炼、体验和升华。因此，在思想政治理论课教学中，实践教学是一个不可或缺的重要环节。我们经过探索，开创了实践教学的新模式（八大模块）。这种教学模式是在学校内外开展的非传统理论教学形式的教学活动，主要是指按照理论联系实际的原则，学校和教师有组织、有计划、有目的地引导学生深入社会生活，关注社会现实、了解社会民意、服务经济社会发展的一种实践教学形式。从这个内涵出发，实践教学的特点是：在教学内容上，应该紧扣课堂教学的理论以分析和解答社会实践问题为主，是理论的具体运用过程；在教学形式上，以学生的亲身参与、体验、探索为主，而不是静态地接受知识的过程；从教学场所看，以社会为课堂，以人民为教师，可以在校园也可以在校外开展。

第一节 爱国实践

一、"感悟历史，荡涤心灵"主题实践活动

教学目的：通过有针对性地组织大学生进行实践活动，走出课堂，走向社会，参观革命旧址，参加红色旅游活动，走访革命前辈，采访重大历史事件的亲历者，进行口述史调查等，引导大学生树立正确的人生观和世界观，使大学生通过实践活动，做到理论与实际相结合，在实践活动中检验理论的指导作用，从而引导大学生树立远大的理想和信念。

爱国主义教育是全民教育的一项重要内容，为此，我们国家已经制定了红色旅游发展纲要。所谓红色旅游，主要是指以中国共产党领导人民在革命和战争时期建树丰功伟绩所形成的纪念地、标志物为载体，以其所承载的革命历史、革命事迹和革命精神为内涵，组织接待旅游者开展缅怀学习、参观游览的主题性旅游活动。红色旅游具有学习性的特点，以学习中国革命史为目的，以旅游为手段，可以使学习和旅游互为表里，让旅游者在"游中学、学中游"，达到寓教于游、润心无声的境界。

对国民进行本国历史的旅游教育，在一些发达国家和地区已经成为制度。如在德国，一些州就对中小学生进行反法西斯的修学旅游做了专门立法，要求每个学校都要定期组织学生到纳粹集中营等地游览参观，勿忘历史。在我国历史上，中国人的旅游与学习也总是紧密相连的，有着"读万卷书、行万里路"的传统。现在开展的红色旅游，是对这个优良传统的发扬光大，它完全可以归类于修学的大类，红色旅游也是对大学生进行爱国主义教育的重要渠道。

二、"激发爱国情怀，立报国志"主题实践活动

教学目的：结合五四运动和"一二·九运动"等历史纪念日，启发大学生深入思考作为当代青年，应该传承爱国主义精神，勇于担当社会责任，使大学生能够通过主题实践活动，进一步深化对爱国主义内涵的理解。

课程导入：五四运动、"一二·九"运动、"一二·一"运动是在不同的历史背景下发生的学生爱国运动，也是中国人民反帝反封建斗争的重要组成部分。从三次学生运动中可以看出现代青年学生、知识分子不断追求进步的历史轨迹，周恩来在延安青年纪念"一二·九运动"十周年的大会上说："五四运动未完成的任务，由一二·九青年运动继承起来，"一二·九"未完成的任务，由今天的青年运动（指一二·一运动）继承起来。"虽然，三次学生运动发生的历史背景不同，但

前后相继，一脉相承。

1919年，北京学生高呼"外争国权，内惩国贼"，揭开了中国现代史上反帝反封建运动新的一页。1935年，在"黑云压城城欲摧"的北平，一片白色恐怖，青年学生又一次以自己的血肉之躯，冲破反动军警的阻截，担负起历史的使命，要求国民党停止内战，一致对外，从而揭开了民族抗战的序幕。1945年，抗日战争结束后，全国人民渴望实现和平民主，但国民党政府却一意孤行，坚持一党专政，并在美国支持下奉行内战政策。处于全国民主运动中心的昆明青年首先行动起来，迅速投入反内战、争民主的运动，国民党在昆明制造了"一二·一"惨案，触发了新的学生运动高潮。在中国共产党的领导下，学生运动提出了反对内战，争取和平、民主、自由的口号，使之很快蔓延到整个国统区，成为以后开辟第二战场的战斗演习。

一切大规模的学生运动，都是特定历史条件下的产物。学生运动反映了时代的潮流，也推动着时代的前进。三次学生运动尽管其发生的直接原因各异，但其深远的历史背景是相同的，反映了中国现代历史进程中反帝反封建的主题。学生运动是和整个时代脉搏一起跳动的，青年学生关注着国家和民族的前途和命运，具有强烈的政治敏感性和政治参与意识。每次学生运动所提出的口号，都反映了时代的主旋律。他们继承了中国知识分子的优秀传统，以天下为己任，敢于站在时代潮流的前头，为民族的利益，勇做时代潮流的"弄潮儿"。

仅从以上三次学生运动来看，它们发生在不同的历史时代，每次运动提出的口号，形式上有所不同，它所要达到的直接目的也各异，但实质上没有大的区别。五四运动不但在政治上，而且在思想上和文化上，为中国现代学生运动的发展定下了基调：即反帝反封建。这是贯串于现代学生运动中的一根主线。以后的学生运动都是在五四运动基础上的深入和发展。五四运动首先明确提出了反帝反封建、要求科学和民主的口号，表明了中华民族的觉醒和中国青年的力量，动摇了封建制度的体系，为北伐战争的胜利准备了理论和物质的基础。但是，五四运动只提出了任务，并没有能完成，也没能使中国摆脱半殖民地半封建的困境，亡国危险依然存在。"一二·九"运动继承了五四运动的爱国精神，提出了中国人不打中国人，团结抗战，一致对外的口号，它的主题是救亡，但救亡与政治上的民主是分不开的，使五四运动的口号上升到了一个新的历史高度。它打击了反动派的卖国政策，唤起了全国人民的民族意识和同仇敌忾的情绪，号召人民团结抗战，并最终打败了日本侵略者。抗日战争胜利了，但中国人民的彻底解放事业还相当艰巨，自由、独立、富强的新中国还只是理想，中国人民仍然面临着内战独裁、苦难严重的危机局面。"一二·一"运动继承前两次运动的任务，继续反对内战，争取民主自由，敲响了国民党反动派的丧钟。因此，三次学生运动前后相继，一脉相承,但又不是简单的重复。五四运动以后的各次学生运动,不管是在内容上,还是在组织形式、斗争策略上,都是在不断进步、不断成熟。中国青年学生以自己的热情和勇敢,反抗内外反动势力,在中国人民反帝反封建的斗争历史中,书写了浓重的笔墨,也为后代青年树立了光辉的榜样。

具体要求:实践活动的形式可以多样化,例如,可以举办知识竞赛、主题演讲、自编历史剧目等,以教学班为单位,根据实际情况,确定各项活动的具体人数,在同学们自由选择的前提下保证每位学生至少参与其中的一项实践活动。

三、"回望历史·立足现实·展望未来·爱我家乡"主题实践活动

教学目的:通过大学生自己动手查阅家乡的相关资料,了解家乡过去的历史和发展历程,熟知家乡的发展现状,通过认真思考,提出自己对家乡未来发展的积极性建议,体现"家乡建设我参与"的热情。

课程导入:可以说,家乡情结根源于我们的童年时代,并且会影响每个人的一生,家乡情结与爱国精神具有相同的心理根源,因此,这种家乡情结也是一种最基本的人性内容。

中国古代对家乡有许多雅称,常见的有桑梓、家山、故乡等,鲁迅还在1921年写了一部小说名为《故乡》。汉高祖刘邦的《大风歌》:"大风起兮云飞扬,威加海内兮归故乡,安得猛士兮守四方!"被称为千古绝唱流传至今,不只是因为这是刘邦的作品,而是诗句表达了无数人心中的故乡情结。

古往今来,家乡一直是文人骚客们谈论的亘古不变的话题。树高千尺,落叶归根,故乡之思,永远都是游子的至诚抒怀。在他们看来,家乡是他们心灵的依靠、感情的寄托。家乡就像一缕阳光,在冷寂的时候,我们可以从她那里寻得温暖;家乡就像一个港湾,孤单的时候,我们可以停泊靠岸。诗人们借诗言志,表达自己对家乡的思恋,并由此衍生出了无数千古动人的诗章,在汩汩流淌的华夏文化的长河中,卷起层层波浪。

第二节 专业实习

教学目标:通过教学使大学生明白专业实习对于大学生完成大学学业顺利走向社会的重要性;鼓励大学生根据自身的特点和专业性质进行相应的专业实习,到艰苦的地方参加锻炼、实习,了解社会,了解国情,使大学生加深对党的方针、政策的理解,增强大学生的社会责任感和建设社会主义的信心。

教学重点:通过教学使大学生了解学院的专业实习特色,并鼓励大学生立足现实,到祖国需要的地方实现自身的价值。

教学难点：通过教学，教育大学生如何在顶岗支教和中小企业的顶岗实习中，既达到了专业实习的目的，又在思想上、政治上有一定的提升，达到思想政治教育的目的。

课程导入：同学们，大学是人生最美好的一段时光，大学给我们留下了很多美好的回忆，这些美好的回忆就像熠熠生辉的串串珍珠，永远珍藏在我们的记忆深处。在大学生活即将结束，我们即将走向社会的时候，是什么搭起了我们走向社会的桥梁？对，是实习。通过专业实习，我们可以检验自己是否学有所用；通过专业实习，我们可以了解社会、了解国情；通过实习，我们可以锻炼能力，为真正走向社会奠定基础。总之，专业实习是我们大学生活必需的一门课程，它为我们打开了走向社会的一扇门，什么是顶岗实习？我们在进行顶岗实习的时候需要学习什么，又注意些什么呢？这就是我们下面要讲的内容：

一、我国顶岗实习发展的现状

专业实习是针对不同专业学生的特点，进行的系统的有计划的理论与实践相结合的一种教育教学的实践方式，最终目的是学有所用。顶岗实习是学校安排在校的大学生实习的一种方式。非基础教育学校学生毕业前通常会安排学生进行实习，方式有集中实习、分散实习、顶岗实习等。顶岗实习不同于其他方式的地方在于，它使我们大学生完全履行其实习岗位的所有职责，独当一面，具有很大的挑战性，对大家的能力锻炼起很大的作用。最早是在2006年5月，河北师范大学在全国率先实施"顶岗实习"工程。这种由河北省师范院校开创的新教育实习模式，旨在破解农村教育"人才荒"，实现师范院校培养人才和服务社会的统一。在河北师大"顶岗实习"试点取得成功之后，从当年下半年起在全河北省高等师范院校教师教育专业中全面实施"顶岗实习"，9万多名师范类专业在校学生将下乡支教，为农村教育"输血"。后来，发展到了全国的高等院校，已经从师范类扩展到了各类高等职业教育。

二、顶岗实习的意义

回顾落后的历史，珍惜今天的成就。通过顶岗支教活动，同学们真正的走进农村，农村的变化会让同学们吃惊。经过40多年的改革开放，我国各方面取得了巨大成就，农村也发生了翻天覆地的变化。同学们会看到农村的道路宽了，农民的茅草屋变成了砖瓦房，家用电器一应俱全，农业现代化水平也得到了提高，农民的素质也明显提高。这些都是党的家庭联产承包责任制、农业税改革、义务教育免费、社会主义新农村建设，以及构建社会主义的成果。同学们看到的农村已不是以前贫困、落后的农村而是正在向着"生产发展、生活宽裕、乡风文明、村容整洁、管理民主"的社会主义新农村前进的现代化的新农村。

　　立足发展实际,了解现实国情。同学们去顶岗支教的农村,有的比较偏僻落后,经济发展水平相对也比较低。有些农民生活水平还有待于提高,同学们会看到有些农村生产方式还比较落后。同学们会真切地感受到没有农村的现代化,就没有我国的现代化。"三农"问题仍然是制约我国社会主义现代化建设和构建社会主义和谐社会的突出问题;中国农业要发展、农村要繁荣、农民要富裕,要建设社会主义新农村,必须在中国共产党的领导下走中国特色的农业化道路。因此,正因为农村的落后,才需要同学们努力学习,到祖国最需要的地方实现自己的人生价值。我国农村也为同学们施展才华提供了广阔的空间,许多大学生村官,都在融入祖国农村发展的事业中实现了自己的人生价值。希望同学们能多学本领,增长才智,到祖国需要的地方建功立业。

　　感悟人生真谛,实现人生价值。顶岗支教为同学们用自己的眼睛看社会,了解社会打开了一扇窗。同时,也是同学们认清自我,放飞理想的起点。通过顶岗支教,同学们磨炼了自己,也锻炼了自己,丰富了人生经历,升华了思想认识。有的支教同学说,顶岗支教是我的大学生活乃至人生旅途中最宝贵的财富;社会培养了我们,我们应该怀着感恩的情感回报社会。还有的说,实习支教使我对人生有了新的感悟,乡村需要我们,我也热爱乡村……在这里培养了我吃苦耐劳的精神、乐观向上的生活态度;在这里,磨炼了我的意志,升华了我的品格增强了我的社会责任感和使命感。相信参加顶岗支教的同学们会用自己的智慧点燃自己的理想,绽放出的必将是无比绚烂的未来。

　　感受经济规则,提升道德认知。鼓励和组织同学们到民营中小企业顶岗实习,了解我国现阶段民营企业的发展状况,明确民营企业作为非公有制经济的组成部分,是符合我国社会主义初级阶段基本经济制度,即公有制为主体多种所有制经济共同发展的需要的。同学们通过了解民营企业的发展历史,现阶段的竞争情况、管理制度、工作程序,进一步了解我国社会主义市场经济制度的内涵,体会市场经济竞争优胜劣汰的残酷性,明白市场经济是法制经济,企业要想在竞争中生存必须要遵守市场经济的规则,遵守职业道德、讲究诚信,从而不断增强责任意识和竞争意识。

　　体会劳动价值,树立人民意识。同学们到企业顶岗实习,可以通过自己的劳动获得报酬,表现优秀的、个人能力强的会获得更多的回报。这种劳动的认可可以增强同学们的成就感和上进心。同时,通过同学们对民营企业主、民营企业股东收入状况的了解,可以使同学们在实践中加深对我国社会主义初级阶段按劳分配为主体,多种分配方式并存的分配制度的理解,也会激发同学们努力学习的热情。使大家明白只有不断提高自身综合素质,才能在这个充满竞争的社会有自己的一席之地。同时，我们还应该看到民营企业主是随着我国经济结构的改革和调整出现的新兴社会阶层，他们通过自己的劳动获得了合法的收入，率先走上了富裕道路，他们同样是社会主义的劳动者，都属于人民的范畴，使大家正确理解我国现阶段的阶层状况。

第三节　志愿服务

"志愿者"又称"义工""志工"，是指在不为物质报酬的情况下，基于道义、信念、良知、同情心和责任，为改进社会而提供服务、贡献个人的时间及精力的人和人群。这一服务社会公共生产生活和促进社会发展进步，利用自己的时间、技能、资源、善心为邻居、社区、社会提供非盈利、无偿、非职业化援助的行为就是志愿服务。志愿服务活动有很多，大体有关爱自然、大型社会服务、专业服务、扶贫服务、社区经常性服务等。本节主要以关爱自然这一社会热点问题进行解读，对志愿服务的意义加以阐释。

一、社会热点话题：关爱自然

教学目标：通过各种关爱自然的活动，使同学们更好地树立热爱自然、善待自然的思想观念。认识到社会发展是一个充满矛盾的过程，环境的恶化与经济的增长可能同时发生。增强学生的环保意识和节约意识，增强保护环境的自律意识和社会责任感，树立和谐发展的思想。

导课：当前，环境问题日益严重，如我们身边漫天飞舞的沙尘暴，频频发生的煤矿坍塌，暴风雨下的泥石流、山体滑坡等自然灾害，都是大自然对人类的惩罚。面对现实，唤醒人们对生态的觉醒，关注生态，关爱自然是一个刻不容缓的事情。作为当代的大学生，我们更应该积极主动地关爱自然，提高环保意识。那么，我们究竟怎样与自然和谐相处呢？在关爱自然的活动中，我们需要注意的问题有哪些呢？

（一）关爱自然介绍

为什么要讲关爱自然呢？因为自然对于人类来说是最重要的东西，如果没有自然，人类就不能生存。我们面对的现实世界，就是由人类社会和自然界双方组成的矛盾统一体，两者之间是辩证统一的关系。一方面，人与自然是相互联系、相互依存、相互渗透的。人类的生存和发展，一刻也离不开自然，必然要通过生产劳动同自然进行物质、能量的交换。另一方面，人与自然之间又是对立的。人类为了更好的生存和发展，总是要不断地否定自然界的自然状态，并改变它；而自然界又竭力地否定人，力求恢复到自然状态，这两种相互否定的关系如果处理得不好，就会造成人与自然之间的失衡，因而，受到自然界的报复是不可避免的。恩格斯曾就此告诫过人们"不要过分陶醉于我们对自然界的胜利。对于每一次这样的胜利，自然界都报复了我们。每一次胜利，在第一步都确实取得了我们预期的结果，但是在第二步和第三步却有了完全不同的、出乎预料的影响，常常把第一个结果又取消了"。因此，建立人与自然的和谐共处、协调发展的关系，实现人类与自然界关系的全面、协调发展是人类生存和发展的必由之路。

（二）关爱自然的具体内容

1. 春天植树

植树应该是大多数人都很乐意去做的一件事，之所以很多人一直没有参加过植树活动，是因为没有组织，不知道该在哪里植树、什么树苗适合、怎么搬运等等。如果学校能组织这样的活动，把相关信息发布给同学，把流程安排好，同学们都会很愿意参加因为这毕竟是一项很有益的活动。需要同学们注意的是不要把植树当做形式主义，那样对环境并无大益，真正热爱环境的植树人也应该在树种下去的年头里关心一下自己种下的树是否茁壮成长。

2. 进入社区进行环保宣传

6月5日是世界环境日，2010年我国的宣传主题是"低碳减排、绿色生活"。同学们可以根据这一主题举行"大学生携手社区居民共建绿色家园"环保公益活动；以文艺表演的形式进行环保知识宣传，倡导环保理念；开展共享绿色生活环保知识问答、低碳口号拼接游戏等与社区居民形成充分、热烈的互动；开展环保宣传板展示、环保咨询、环保手册发放等宣传活动，把环保法律、法规和环保科普知识送到社区。

3. 爱护校园环境

校园的环境卫生是一所学校文明的标志，校园环境卫生的好坏直接影响到老师和同学们的工作、学习和生活。为了使我们美丽的校园多一分绿，添一分生机，有一个舒适的学习环境，建议同学们以"爱护教学环境·共建美好校园"为主题，倡议号召广大同学都行动起来，从身边的小事做起，肩负保护校园环境的重任，在全校范围内形成环保氛围，共创文明校园！

4. 和环卫工人工作一天

为了广泛宣传关爱自然、提高环保意识，动员和号召更多人主动参与到环保的行列中，学校特意为学生们提供了这样一个参与环保、实践环保的机会，让学生亲身体验环卫工人平常却不平凡的一天。学校将根据报名情况，让学生组成四人一组的活动小组，并设计绘制了以"环卫工人"和"绿色环保"为主题的宣传海报，随环卫工人一起现场实践。通过这一活动让学生深刻明白环卫工人工作的辛苦。真正做到人与自然的和谐相处，需要我们大家共同努力。

5. 对环境热点问题进行调查

学生们可能在老师的指导下，对一些环境热点问题进行调查，如全球变暖，资源、能源短缺，垃圾成灾等。了解环境状况的历史、现状及未来，分析原因，做好相关记录并根据工作开展情况撰写报告、心得，提出爱护环境的建设性意见。

二、志愿服务的意义

志愿服务的主要价值意义：

对社会而言，志愿活动具有以下积极意义：一是传递爱心，传播文明。同学们在把关怀带给社会的同时，也传递了爱心，传播了文明，这种"爱心"和"文明"从一个人身上传到另一个人身上，最终会汇聚成一股强大的社会暖流；二是有助于建立和谐社会。志愿服务给同学们提供了社交和帮助别人的机会，会增强人与人之间的交往及关怀，促进社会和谐；三是促进社会进步。社会的进步需要全社会每个成员的共同努力，志愿服务会鼓励和吸引越来越多的人参与到服务社会的行列中来，对促进社会进步有一定的积极作用。

对志愿者个人而言，志愿服务具有以下积极意义：一是奉献社会。同学们通过参与志愿服务工作，有机会为社会出力，尽一分公民的责任和义务。二是丰富生活阅历。同学们利用闲余时间，参与一些有意义的工作和活动，既可扩大自己的生活圈子，更可亲身体验社会的人和事，加深对社会的认识，这对同学们自身的成长和提高是十分有益的。三是提供学习的机会。同学们在参与志愿工作过程中，除了可以帮助人以外，更可培养自己的组织及领导能力。

对服务对象而言，同学们的志愿服务可以帮助其融入社会，增强归属感。能有效地帮助服务对象扩大社交圈子，增强他们对人、对社会的信心，同时，志愿者以亲切的关怀和鼓励，帮助服务对象减轻接受服务时的自卑感和疏远感，从而使其建立自尊心和自信心。

第四节 公益活动

教学目的：本节课最核心的内容是通过学习人生价值的基本理论，使学生懂得人要首先学会为社会、为他人做事，其自身价值才能够实现。不实现人生的社会价值，人生的自我价值就不能实现。本节实践教学的目的是通过形式多样的社会实践活动，让学生在服务社会、奉献社会的过程中体会到人生的价值，明确人生的意义。

关于人的价值的理论：

1. 人生价值

人生价值就是作为客体的个人的一生的实践活动，满足作为主体的社会的需要关系；或者说人生价值就是一个人在其一生的实践活动中对人类社会的延续与发展，对社会和他人的需要满足所起的作用和所做的贡献。

2. 人生的自我价值与社会价值

自我价值，是指个人对自我的肯定关系，即个体满足自我需要的关系。表现为一个人的人生实践活动，对自己的物质和精神生活的充实、提高，对自我完善、全面发展所起的作用，以及自我对此作用的肯定和认可。

社会价值，就是个体的人生对社会和他人的存在和发展的意义，是个体人生对社会和他人需要的实现和满足，主要表现为个人通过劳动、创造对社会和他人所做的贡献。可以说，劳动、创造和贡献，是人生社会价值的基本标志。在这种价值关系中，个人对社会来说，是满足社会需要的手段，谁对社会贡献大，价值就大；贡献小，价值就小；没有贡献，就没有价值；如果有损于社会和他人，就只有负价值，就会被社会、他人所否定。

正确地理解和处理人的自我价值与社会价值的关系，使两者有机统一和协调发展，是人生进取过程中的重要课题。人生是自我价值与社会价值的统一，自我价值只有融入社会价值之中，并通过社会价值的实现才能得到现实的确认，一个人只有在满足社会、他人需要的过程中，才能真正实现自我价值。

实践项目：

一、公益活动

（一）关爱留守儿童项目

1. 留守儿童项目介绍

改革开放以来，大量农民工为了生计，背井离乡外出打工经商，一年中难得回家一次，由于食宿、入学等多方面原因，他们的子女被留在家中，这就是当今中国社会中的一个特殊的群体——"留守儿童"。众所周知，儿童，本应该在双亲的呵护下无忧无虑地成长、在同一片蓝天下幸福美好地生活，但是对于留守儿童，由于他们的父母常年在外打工经商谋取生活，被独自留在家中的他们却不能像其他同龄的孩子那样欢绕在父母膝旁，他们不得不独自面对种种困难和艰辛。他们需要父母的温暖，他们渴望与父母沟通，他们梦想在父母的教诲下成长。关爱"留守儿童"不只是小事家事，更是国事，是关系民族未来发展的大事。

大学生利用节假日、课外时间通过同留守儿童结对子，从心理健康、学习、生活等方面给予留守儿童更多的关爱，有利于留守儿童的成长，也有利于大学生深入社会，了解国情。

2. 如何做好这个项目

第一，要有一颗爱心，有一颗愿意为留守儿童的健康成长奉献自我的精神，有了这种爱心、这种奉献精神，即使遇到一些困难，相信在同学们的努力下，也一定能够解决。而且，同学们关爱留守儿童，奉献爱心，会得到家长、学校及社会的认可、赞同。这样，学生能够在社会实践中体会人生自我价值，付出的快乐。

第二，在开展关爱留守儿童活动中，认真做好准备，阅读儿童心理学等方面的书籍，了解儿童的心理，咨询有关专业教师，遇到问题同学之间也可以相互切磋，总之，要做好相应的知识储备。

第三，大学生要深入调研，深入了解关爱的儿童的性格特征、家庭情况、学习状况、监护人的状况等，做到心中有数。

第四，同学们在走出校园探望留守儿童时要注意人身安全。

3. 如何处理关爱留守儿童过程中遇到的矛盾

同学们在关爱留守儿童的过程中，也一定会遇到许多意想不到的矛盾和困难，如何与留守儿童的监护人进行有效地沟通，共同对孩子进行教育和引导；如何与留守儿童进行沟通等。

第一，学会处理与留守儿童的沟通和交流中遇到的矛盾。在与留守儿童初步结成对子后，留守儿童可能一开始不愿意接受你，也不愿意向你敞开心扉，这就需要你主动分析是什么原因导致留守儿童不愿意接受你，是你不够真诚、还是没有触动他的内心，或者是其他的原因，找到原因之后，对症下药，寻找打开孩子心灵的钥匙，然后点点走进孩子的内心世界，让他接受你，认可你，与你成为朋友。同学们还要认识到，在你关爱留守儿童的初期，这个矛盾是不可避免的，千万要对此有个正确的认识，不要一遇到困难就退缩，而且在以后关爱留守儿童的过程中，还会遇到很多困难，留守儿童会有许多学习、思想、心理、生活上的问题需要你为他指引和指导，但我相信，只在你有一颗爱心，这些问题一定会解决的。

第二，学会解决与留守儿童的监护人及家长在沟通和交流中遇到的矛盾。留守儿童一般由祖父母监护，祖辈们年龄大，在知识层次、教育观念、教育方法上可能存在一些误区，同学们应该真诚地与孩子的亲人进行心与心的交流，让他们认识到对孩子进行教育和引导和重要性，让他们与你们密切配合，共同提升教育的效果。同时，同学们要注重孩子父母的联系，督促留守儿童的父母多与孩子交流，要让他们知道父母对孩子的爱是其他任何人的爱无法代替的，他们虽然不能回来照顾自己的孩子，但要多与孩子联系，让孩子感受到远方父母对他们浓浓的亲情，有了亲情的陪伴，孩子们会有更多的勇气克服困难。

第三，学会解决与留守儿童的老师的矛盾。对留守儿童的教育和引导，仅凭我们大学生一个人的力量是不够的，需要家长监护人和留守儿童的老师的携手合作。因此，同学们在关爱留守儿童的过程中，要处理好与孩子老师的关系，与老师加强联络，让他们也加入到关爱留守儿童的队伍中来。

4. 做这个项目的意义

人生的价值在于奉献，在你们近20年的成长历程中，多数时候是家长在奉献，不懂得真正的付出和奉献，也从未感受过付出和奉献的快乐，这一次，学院设立这样一个实践项目就是让同学们真正的为这些可爱的农村孩子付出一点爱，在付出爱的过程中让同学们懂得爱父母，爱亲人，感受到自己的社会价值，你们是那些可爱的留守儿童眼中了不起的大学生哥哥姐姐，是他们学习的榜样。同学们，如果你伸出手，为留守儿童奉献了你的一片爱心，那么，在这个付出爱的实践过程中，定会感受到人生的价值，明确人生的意义，定会懂得担当与责任。

（二）关爱空巢老人项目

1. 关爱空巢老人项目介绍

"空巢"老人一般是指子女不在身边的单独生活的老人。随着社会老龄化程度的加快，"空巢"老人越来越多，已经成为一个不容忽视的社会问题。当子女由于工作、学习、结婚等原因而离家后，独守"空巢"的老年人因此而产生的心理失调症状，称为家庭"空巢"综合征。

大学生学习之余，利用节假日，按着就近、自愿原则组成关爱"空巢"老人小组，每小组3—5人，这项实践活动对于培养学生爱心，体验人生价值具有重要意义。

2. 如何做好这个项目

首先，大学生要了解"空巢"老人的需求。同物质需求相比，"空巢"老人更需要精神交流与心理抚慰。志愿服务当侧重"空巢"老人的精神需求，与老人交朋友，把精神交流、心理抚慰当作主要服务内容，才能收到事半功倍效果。

其次，大学生要做个有心人。关爱"空巢"老人，当从小事做起。要全面了解老人的情况，知道老人有什么病、吃什么药、什么药物过敏、兴趣爱好、活动地方、家属电话等。只有认真细致，才能很好地关爱空巢老人。

再次，大学生要与"空巢"老人结成多对一的"对子"，为高龄和行动不便的"空巢"老人提供生活照料，如陪他们聊天、锻炼身体等，是关爱"空巢"老人的志愿服务的亮点。这样更易获得"空巢"老人的信任。

最后，老年人是特殊群体，关爱老人，服务老人除了用心，还需要医疗保健、心理辅导等专业知识，这就要求关爱"空巢"老人的大学生要学一些简单的医学保健知识，有条件的还可以进行简单的培训。

3. 如何处理关爱"空巢"老人过程中遇到的矛盾

第一，儿女与父辈思想观念产生巨大碰撞与偏差，是"空巢"老人与子女之间不可调和的矛盾产生的原因之一。大学生在关爱"空巢"老人的活动中，要经常和"空巢"老人的儿女进行沟通，让儿女明白物质生活的满足对老年人固然很重要，但精神生活的富足对老年的意义同样不可小视。因此，解决老人精神上的问题，儿女应该主动变"过节回家"为"常回家"。

第二，大学生在关爱"空巢"老人活动中，应该开导老人不应把自己晚年的幸福全部建立在子女照顾的基础上，而是要学会独处，善于克服生活方面的困难，同时注意寻找精神寄托，撑起自己的一方天。

（三）关爱残疾人

1. 关爱残疾人项目介绍

残疾人，是指身体或精神不健全的人。由于他们的生存能力低于常人，所以，他们是社会的弱势群体。他们需要得到社会的帮助，社会也应该给予他们应有的关爱，这也是构建和谐社会的重要内容之一。

大学生在学习之余关爱身边的残疾人，有利于大学生培养爱心和社会责任意识，同时，大学生也可以向身残志坚的残疾人学习，珍惜美好时光，早日成才。

2. 如何做好这个项目

残疾人需要帮助，需要爱心，但助残不仅是一个简单意义上的健全人帮助残疾人，其实助残是一个相互受益的过程，比如说我助残，同时我也从残疾人身上学到了好多东西或者在助残的过程中使自己的精神得到愉悦，精神境界得以升华。

第一，大学生首先要做好思想、知识方面的准备。阅读相关书目，了解残疾人心理。大学生要了解残疾人的需求。残疾人需要精神支持。志愿服务当侧重鼓励、支持残疾人，让他们树立其对生活的信心。

第二，像关爱"空巢"老人一样，大学生关爱残疾人也要做个有心人。从小事做起。要全面了解残疾人的情况，知道残疾人的残疾状况、个人习惯、兴趣、爱好等。只有认真细致，才能很好地关爱残疾人。

第三，大学生要与残疾人多对一"结对子"，为残疾人提供大学生力所能及的生活照料，如陪他们聊天、锻炼身体等。

3. 关爱残疾人过程中需注意的事项

首先，残疾人由于身体的不健全，容易形成敏感、自卑的心理，大学生应对此有所注意。特别是初次同残疾人接触，相互不熟悉阶段。要谨慎选择交流话题。

其次，要注意挖掘身残志坚的残疾人身上的闪光点，学习他们的长处。

再次，走出校园的大学生要注意自身安全。

4. 做这个项目的意义

大学生关爱残疾人是一个感动别人，被更多人感动的过程。大学生看着这个世界因他们的一点点努力而变的更加温暖和可爱，这就使大学生感到了存在的价值。

大学生通过关爱残疾人，更好的维护他们的利益，会让更多的残疾人感受到这个社会的温暖，从而也有利于残疾人形成健康的人格。

第五节　社会调查

教学目标：通过教学使大学生明白辩证思维方法对于提高大学生分析问题、解决问题能力的重要性，激发大学生积极踊跃地参加学校组织的各种社会调查活动中去，鼓励大学生结合社会热点问题进行调查，引导大学生在对调查材料的分析整理过程中，锻炼了辩证思维能力，同时使大学生真正了解社会、了解国情、增强社会责任感。

导课：有人说迈入大学校园就等于迈进社会，校园是你们进入社会的起点，这里给你们提供了锻炼的舞台，这个舞台上其中的一项活动就是社会调查。通过社会调查活动，同学们可以学会运用辩证思维方法去分析问题、解决问题，通过社会调查，可以锻炼能力，为真正走向社会奠定基础。那么，什么是社会调查呢？社会调查的目的、程序有哪些呢？在调查中应该注意怎样的问题？这是我们要学习的内容。

一、社会调查模块介绍

社会调查是指人们有意识有目的地对社会现象进行考察、了解、分析和研究，从而达到认识社会现象内在的本质及其发展规律的一种实践活动。它首先是一种自觉的认识活动。所有的社会调查都是有意识有目的地进行的，社会调查的目的是了解社会真实情况，它和人们日常生活中对社会现象的一般观察和了解有原则性的区别。其次，社会调查的对象是社会本身。

二、在综合实践活动中如何进行调查研究法的指导

社会调查研究方法是综合实践活动实施过程中经常运用的方法。无论是在主题探究或课题研究活动，还是在社会实践性学习活动、项目设计活动都离不开调查研究方法这种活动方式。那么，究竟如何进行"调查"呢？为此，我们主要就

调查方法的一般类型、基本程序、调查报告的格式做简单介绍。

（一）调查的目的

开展社会调查，理论目的就是让同学们自觉接受马克思主义唯物辩证法的指导，加强辩证思维方法的训练，克服思想上的极端化，提高大家的综合素质。现实目的是有助于同学们接触实际生活，通过让学生亲眼看、亲口问、亲耳听、亲自了解、亲自感受，及时了解社会发展的现状，提高认识，增强社会责任。

（二）调查的种类

根据实际调查对象的范围，可将调查分为全面调查和非全面调查。全面调查是对研究对象的全体进行调查。全面调查可以了解调查对象的全面情况，获取材料精确度较高。非全面调查包括典型调查和随机抽样调查：典型调查是从研究对象的总体中抽取一个具有代表性的单位或个体作为典型，对它进行调查并用其结果来概括总体。有时，又被称为"蹲点"或"解剖麻雀"。随机抽样调查是从研究对象的总体中随机抽取一部分有代表性的对象，组成一个样本，然后对样本进行调查，并根据样本调查结果来推测、估计相应的总体。

（三）调查的主要程序

调查是一种有目的有计划的活动，就调查过程的顺序而言，大致可以分为以下5个步骤。

1. 调查前的准备工作

（1）确定调查选题

调查的课题有大有小，但无论大小都必须遵循以下三个原则：A. 目的性原则：每次调查要达到什么目的，回答和解决什么问题，事先都要有明确的规则。B. 价值性原则。调查的课题必须要具有科学价值和现实意义。C. 现实性原则。调查课题和调查范围要适宜，课题不宜太大，既要看需要，更要考虑是否具有可行性。

（2）选取调查对象

调查对象应依据调查课题和调查目的加以选取。不同的调查课题和目的，要用不同的方法去选取调查对象。

（3）制订调查计划

调查计划主要包括以下几个方面的内容：调查的课题和目的、调查的对象和范围、调查的地点和时间、调查的方式和方法、调查的步骤及日程安排、调查报告完成的日期。

（4）思想上和物质上的准备工作

思想上的准备。进行调查工作，不可能一帆风顺，往往会遇到意想不到的困难，因而调查的学生要有从心理上作好应付各种可能出现障碍的思想准备。物资上的准备。包括生活上和工作上需要的各种用品。如：各种工具书、照相机、录像机、录音机、电子计算器、问卷等。想得越周到，准备得越充分，就越有利于调查工作的进行。

2. 搜集资料

搜集资料是调查过程中关键的一步。调查资料的搜集是否全面、准确是获得有效调查结果的至关重要的前提。搜集资料要力求全面、系统，要注意资料的典型性、客观性和真实性。

3. 整理材料

用各种方法搜集到的材料，必须加以整理方能得出结果。整理一般分为四个步骤：评定，对每个研究对象的原始资料进行归类、评定和评分工作；登记和统计，先把评定结果编制成逐人登记表，一个样本一张，在这张表上每人一行，登记研究对象的各项调查结果，再统计各项的平均数、标准差或人人数百分比等统计量并记入登记表的下部；编制统计图表，把几个样本的统计结果合到一张统计表上，将使调查结果集中而且使人能够一目了然；统计检验，调查所得的某些结果，有时还需要进行显著性检验，以对调查结果的可靠性做出判断。

4. 分析调查结果

分析调查结果要有四个部分：得出结论；进行解释；提出建议；发现新课题。在对调查结果的分析过程中，是大学生辩证思维方法的具体运用，即归纳与演绎、分析与综合、抽象与具体、逻辑与事实相统一等。

5. 撰写调查报告

调查报告是对研究对象进行调查，对调查的材料进行分析、综合、整理后的记录。调查报告的表述没有固定形式，调查报告一般由以下几个组成部分。

第一部分——题目。题目要简练、概括、明确地反映所要调查的对象、领域、方向等，题目应能概括全篇。

第二部分——调查目的。调查报告开头要表明课题调查什么，为什么要调查等问题，要将调查的背景、筹备过程、主要内容和调查过程、调查的意义等内容交代清楚。

第三部分——结论与建议。交代通过调查研究了什么何题，获得了什么结论，说明了什么问题。结论与建议是对调查所得结果作理论上的解释，提出研究者的看法，同时还可以提出一些新的调查课题。在观点和材料的处理上，可以先列出材料，然后分析和推论，引出观点。也可以先摆明观点，然后用调查得来的事实材料的分析来说明。

三、开展社会调查应注意的问题

材料要真实、充分。真实是调查报告的重要特征，也是对调查，报告的起码要求，需要同学注意的问题是这个选题必须结合自身条件。因为，实践是认识的基础，调查能够得到第一手资料，如果没有条件去农村调查的话，就不应该选择有关农村的调查。

已形成的调查报告的材料要充分，尽可能翔实地给读者提供必要的事实，用事实来说话，使读者从比较和鉴别中得出必要的结论，从而达到对客观事物深刻认识的目的。在这个步骤里同学们应该收集尽可能多的数据指标，因为，人的认识可分为感性认识和理性认识，感性认识是认识的初级阶段具有不可靠性，理性认识是认识的高级阶段具有可靠性，我们只有对大量的感性材料进行加工才能由感性上升到理性认识，从而形成对事物的本质性认识。如果调查某乡农村留守儿童，就应该调查这个乡下面所有村子的留守儿童数字，少一个村子的数据都不准确。

观点、结论要客观、正确。观点、结论是调查报告的灵魂和主旨，也是报告所要告诉人们的调查研究之后的结果。观点和结论如果不正确，就会给人们在认识上以错误的导向，轻则达不到调查研究的目的，重则产生严重的后果。

要学会与人沟通。石油大王洛克菲勒说："假如人际沟通能力也是同糖或咖啡一样的商品的话，我愿意付出比太阳底下任何东西都珍贵的价格购买这种能力。"由此可见沟通的重要性。同学们在深入社会开展的时候，若想让你调查的单位或个人自然地配合你，需要你与其做好沟通。具体应该怎么沟通，要具体情况具体分析，但其中的共性是无论与谁沟通，都要讲礼貌、待人和气，主动寻找可与其进行联络沟通的共同话题，主动为其做一些力所能及的事情，有了这些铺垫之后，一般来讲，你的调查都会顺利地进行。

学会正确运用辩证的思维方法。在对调查材料的收集和整理中能够提高大学生发现问题、分析问题和解决问题的能力，同时学生在调查报告的撰写过程中，要学会运用归纳与演绎、分析与综合、抽象与具体、逻辑与事实相统一等方法。

第六节　勤工助学

教学目的：通过引导大学生利用课余时间参加勤工助学活动，使大学生通过自己的劳动取得合法的报酬，改善学习和生活条件，体验生活，增长才干，提高综合素质。

一、什么是勤工助学

勤工助学是指学生在学校的组织下，利用课余时间，通过自己的劳动取得合法的报酬来改善学习和生活条件的社会实践活动。勤工助学也是高校学生资助工作的重要组成部分，是提高学生综合素质和资助家庭经济困难学生的有效途径。

二、勤工助学的发展历史

早在2007年7月，国家教育部、财政部就颁布了《高等学校学生勤工助学管理办法》，其中明确规定：勤工助学活动必须坚持"立足校园、服务社会"的宗旨，按照学有余力、自愿申请、信息公开、扶困优先、竞争上岗、遵纪守法的原则，由学校在不影响正常教学秩序和学生正常学习的前提下，有组织地开展大学生的勤工助学活动。而且，要在学校学生资助管理机构下设专门的学生勤工助学管理服务组织，具体负责大学生勤工助学的日常管理工作。并规定："勤工助学活动由学校统一组织和管理。任何单位或个人未经学校学生资助管理机构同意，不得聘用在校学生打工。学生私自在校外打工的行为，不在本办法规定之列。""学校学生资助工作领导小组全面领导勤工助学工作，负责协调学校的财务、人事、学工、教务、科研、后勤、团委等部门，配合学生资助管理机构开展相关工作。充分发挥学生会等学生社团组织在勤工助学工作中的作用，共同做好勤工助学工作。"

在我国近代历史上，最早的勤工助学活动的源头是在1915年，当时由李石曾、蔡元培、吴玉章等人在巴黎成立了"留法学生俭学会"，帮助更多的中国人走出国门，从而掀起了一股勤工俭学留学法国的风潮。当时，参加勤工俭学运动的留学生中就包括周恩来、邓小平、张振华等著名人士。早期的勤工俭学和爱国救国联系在一起，爱国人士出国留学的目的很明确，是为了改变中国的落后面貌和引进西方先进的科学文化。

后来，勤工助学活动的对象逐渐从留学学生扩大到大多数的国内学生当中，勤工俭学活动也日渐成熟。当时，社会和学校都倡导"生活节俭，课余勤工"的勤工俭学思想，很多学校成立了勤工组织，并通过国家助学金帮助学生安心学习，使很多经济困难，但想通过勤工来继续求学的贫困学生顺利完成了学业。

目前，随着社会的发展进步，国民的生活条件得到了极大地改善和迅速的提高，我国高校的"勤工助学"活动逐渐发生了"勤工者未必俭学者"的转变。但"勤工助学"活动继承了历史上"勤工俭学"的内涵，大多数高校都设置了专门管理勤工助学的部门，并提供了针对补贴贫困生的勤工助学岗位。大学生不仅希望通过勤工助学所得改善生活和学习条件，更希望在实践活动中得到锻炼，磨砺思想，增强对社会的认知程度。

三、勤工助学的方式

勤工助学的方式在大学生实践教育指南中有详细介绍，这里简单给同学们说一下：校外勤工助学岗位大体可分为临时劳务型、社会服务型、其他类型。

临时劳务型，同学们通过自己的体力劳动，利用课余时间或节假日，在不确定的时间段内开展勤工助学活动，来获取一定的经济报酬，如从事打零工、散发张贴宣传材料、园林绿化美化、钟点工、市场调查、广告促销、超市理货或收银、饮食服务业等耗费时间较短的临时性工作。社会服务型包括家教、企业、媒体和服务业；还有其他勤工助学类型，诸如：提成型。学生参加此类工作没有底薪收入，按照销售量和额度予以学生一定比例的提成。临时岗位按小时计酬。这类岗位在一些快餐企业中比较常见，如：麦当劳、肯德基等，学生按小时计算工作量、收取工资，一日一结算。另外还有诸如：发放宣传单、宣传画册、优惠卡、张贴宣传海报。最后还有自主创业。

四、具体要求

希望同学们按照学校倡导的"生活节俭，课余勤工"的要求，积极参加勤工俭学，这对你们来说是一个了解社会，历练自我的好机会，特别是一些家庭条件较好的同学，更应该参加，社会不像校园，更不像温暖的家，在社会中，你就是一名劳动者，社会不会因为你是大学生就放低对你的要求，所以，累是难免的，苦也是必然的，有了这种苦和累的感受，你们才会更加珍惜在大学校园学习的机会，也会对父母对你们无私的付出心怀感恩。

家庭经济困难的学生更要积极参与勤工俭学活动，通过自己的劳动所得，一方面改善生活、完成学业，另一方面锻炼自己的实践能力，磨砺自己的思想，增强对社会的认识，提升创业能力。

要具有自我保护意识。尤其要注意信息安全、求职安全和工作中的安全，懂得求职礼仪，认真阅读劳动协议，如果出现任何纠纷，可以通过我们学院的法律咨询中心求得法律援助，通过正当途径来保障自己的权益。

第七节　社团活动

教学目标：通过实践教学，指导使大学生了解社团的类型、特点。如何选择适合自身发展的社团，以及参加社团活动应注意的事项。同时，引导大学生懂得参加社团对于提高大学生的综合素质，提升适应社会能力的重要性，教育引导大学生积极主动参加各类社团活动。

  课程导入：同学们经过高考的拼搏，迈进了向往已久的大学校园，大学的生活丰富多彩，有藏书丰富的图书馆，有睿智的教授，有多彩的校园文化生活。在大学中，学习已不是生活的唯一坐标，同学们都希望能在大学里努力提升自己的综合素质，为将来步入社会做好准备，提升综合素质的渠道有许多，其中一条离同学们很近，只要大家愿意都能成为现实，就是积极参加各类校园文化活动，其中，最重要是就是加入社团组织，那么什么是社团呢？

一、什么是社团

  在我们现在的大学教育中，社团活动已成为我们大学生实践的主要途径。那什么是学生社团呢？学生社团是在校大学生自愿组织成立、自由参加的，具有明确主旨和积极意义的群众性团体。它是大学生提升素质和实践能力的重要平台或载体，而且是我院实践模块的重要组成部分之一。大学生成立或参加社团组织，并组织开展各类社团活动，这对其养成独立自信的心态和"学会生存"无疑具有不可替代的作用。

  在当今，大学生就业形势越来越严峻，竞争越来越激烈，如果大学生要想在竞争如此激烈的社会环境生存，就必须提高自身的素质，而且还必须具有创新精神和实践能力，成为有理想、有道德、有文化、有纪律的德智体美等全面发展的综合人才，而这些综合素质是课堂教育所不能全部给予的，还必须由一个更广阔的空间——大学生课外社团活动。伴随着我国高等教育大众化的进程，高校学生社团的发展进入一个数量快速增长的时代。全国每个高等学校的社团数量在60~140个之间。其中，娱乐实践类的比例占70%以上，学术类的比例占9%~20%。现在，社团已成为影响大学生学习和生活的新生力量，它是大学校园文化建设的重要载体，也是你们培养能力的阵地。全国规模最大的高校社团是北京大学，目前，已经有160多个社团，每年上百家社团同时开始招新的场景被誉为"百团大战"。我国的领导人毛泽东、周恩来、朱镕基和美国总统克林顿、小布什等，还有绝大部分的工商界和学界的领袖人物，在求学时期都是杰出的学生社团领袖。显然，大学生的社团经历对大学生的成才具有多方面的重要影响。而我院有学生社团86个，参加的学生人数也达到3000多人，每年也有纳新，许多同学通过参加社团活动提升了组织管理和协调能力，个人的精神风貌发生了很大的变化，人也变得更得自信。

二、社团的类型及活动内容简介

  社团从类型上可以分为理论学习型社团，兴趣爱好型社团，社会公益型社团，学术科技型社团。教育部和团中央颁布的文件中也已经明确了大学生各类社团的发展方向：大力扶持理论学习型社团，热情鼓励学术科技型社团，正确引导兴趣爱好型社团，积极倡导社会公益型社团。鼓励同学们根据自己的爱好和特长选择一或两个社团。

下面从四个社团类型的特点说一下各个社团开展的活动。当然，大学生可以充分发挥自身的活力和创造力，开展更多、更丰富多彩的社团活动：

1. 理论学习型社团——深入研究特色理论。毛泽东思想和中国特色社会主义理论体系是指导中国改革开放实践的科学的理论体系，为了更好地推进我国的改革开放和社会主义现代化建设事业，必须加强对中国特色社会主义理论的研究，这个研究不止是理论工作者的任务，也是同学们的任务，希望同学们能够积极加入理论社团。除了加入社团，同学们还可以在社团中开展以下活动。

（1）重读红色经典

同学们可以选读马克思主义的经典著作和传记，写读后感。通过阅读这些经典书籍使同学们更好的理解党的路线、方针、政策的变化，了解我国的现实国情，未来的发展战略，进一步研究马克思主义的基本原理，以及中国化的理论成果。同学们在用马克思主义理论武装自己头脑的同时，更深刻的体会马克思主义基本原理只有与中国革命和建设相结合实现马克思主义中国化才能保持勃勃生机。

（2）观看《世纪伟人毛泽东》《邓小平》《开国大典》《建国大业》《辉煌六十年》等领袖纪录片和反映中国革命和建设的影片使同学们对马克思主义中国化的理论成果产生的时代背景、历史根据、实践基础和主要内容、历史地位和指导意义有深刻的感性认识，激发我们大学生对革命先烈和新中国建设者的热爱，激发大学生建设社会主义的热情。

（3）开展时事政治研讨及宣讲

国家的方针、政策、是随着社会发展需要不断进行修正和创新的。所以，同学们可以针对国内国际的社会热点和焦点，进行研讨，加深对中国及世界政治经济形势的认识，增强我们大学生参政议政意识和责任感。同时，运用国家相应的政策，进入乡村、社区进行时事宣讲活动，宣传党的方针、政策。同时，同学们在进行党和国家相关理论政策的研讨和宣传过程中，也能进一步加深对党的理论、方针、政策的理解与认识。

2. 兴趣爱好型社团——弘扬社会主义先进文化

成立文化社团，开展以"和谐校园，和谐文化"建设为主题的校园文化活动和"文化进社区，进乡村"的文化宣传和文化扶贫活动。文化是人类劳动创造的、人类社会特有的现象，是人和动物区别的标志。一部人类史就是人的文化史。我们每个人天天都生活在文化之中，一尊精美的雕像，一篇催人泪下的散文，一首动听的歌曲等等，都是文化，文化无处不在。中国现代化是富强、文明、民主、和谐缺一不可，只有使文化和经济、政治协调发展、大放异彩，才能充分显示社会主义制度的生命力和优越性。相对经济力和军事力等硬实力，文化力是软实力，并成为各国综合国力的重要组成部分。所以，民族文化和民族精神是世界各民族的身份证和标志。

3. 社会公益型社团——服务奉献社会

大学生社团在本质上是一种自治的非营利组织。在发达国家，非营利组织在开展人道服务、推动思想创新、丰富文化娱乐、促进基层社会经济发展、防止环境退化、保障公民权利、帮助政府解决一些边缘问题日益扮演着不可替代的角色，发挥着自己独特的社会功能和作用。因此，我们大学生社团的成员都必须树立服务意识，尽我们的所能和所学为社会和需要帮助的人提供力所能及的帮助，在服务社会的过程中，感受社会，了解国情，增强责任感。

四、参加社团活动的注意事项

1. 坚持正确的政治方向

面对各种类型的大学生社团，同学们必须要有一个大的原则，就是坚持正确的政治方向。不能利用社团进行一些违背社会主义政治方向和反党分裂国家、分裂民族、迷信等违法甚至是犯罪的活动。而且，同学们还应该知道什么是美的，什么是丑的，什么是光荣的，什么是可耻的，什么是我们应该提倡的，什么是我们应该抵制的，我们要提高辨明是非荣辱的能力，要按照荣辱观的要求约束自己，开展活动；同时，我们在进行社团活动的时候要大力弘扬爱国主义、社会主义和集体主义精神，反对和抵御只讲回报，不懂付出的拜金主义、只顾自己享乐，放弃社会责任的享乐主义和损人利己的极端个人主义的腐朽思想，树立大学生的良好形象。

2. 寻找自己的兴趣点

同学们在参与社团时要根据自己的兴趣，慎重选择。如果我们大学生盲目地参与一些社团，结果发现自己对社团活动不感兴趣，就会消极参与社团活动甚至不参与社团活动，这样就不能很好的利用社团这个平台锻炼提升自己。所以，同学们参与社团时必须明确社团的性质和自身的期望，选择适合自己发展、兴趣所在的社团，切忌"随众心理"；加入社团数1~2个即可，以免无暇顾及学习。参加一些文艺社团，可以培养一些书本上学不到的品质。参加互助性质的社团，会让你感觉很快乐，感受自身存在的价值，体味付出的快乐，懂得感恩；参加一些与自己专业有关的学术社团，可以有助于自己的学业。

3. 切忌虎头蛇尾

我们大学生社团一旦成立就具有一定的稳定性，并会定期、有计划地开展活动。社团都有自己的活动章程和规定，在进行社团活动时也会有一定的程序要求，还有的社团有时会需要社团成员保留一些文字、视频、图片等资料。所以，大学生组织成立或是加入社团后，必须以认真的态度对待，以主人翁的姿态按照社团的目的，按时参加社团活动。要有"恒心"，一旦加入某社团组织，就要热情投入，积极发挥自身的优势，通过努力工作，锻炼提升自身的能力，让社团成为大学生活的一个亮点，成为提升自身素质和能力的重要平台。

第八节　自定义项目

教学目的：通过教学使大学生明白大学生社会实践是大学生思想政治教育的主要环节，也是素质教育、能力培养的重要形式。社会实践是提高大学生对思想政治理论课课程的领悟能力，并运用所学知识解决实际问题，了解社会、关注民情、服务基层、砥砺品质的有效形式。除了固定的实践模块之外，社会为我们提供了很多的实践岗位和机会，不同的实践活动都可以锻炼大学生的实践能力，鼓励大学生结合自身的专业特点和可利用的社会条件开展实践活动。

教学重点：通过教学使大学生懂得如何自主安排实践活动，如何选择实践活动，以及注意的事项。

课程导入：社会是个大舞台，学校也是个小社会，无论是社会还是校园都为我们每个人都提供了许多实践和展示自我的机会。我们应该充分利用这些资源，在主动参与的过程中、在服务他人的过程中提升自身的综合素质，加强对社会和国情的了解，并根据社会需求主动、有针对性地完善自我，适应社会。

一、自定义活动的项目推荐

1. 开展寻访校友活动

鼓励同学们个人或以团队为单位利用假期和课余时间，广泛深入社会各行各业、各条战线，探寻优秀校友，定期与他们联系，了解校友艰苦的奋斗经历，丰富的社会创业体验。也可以邀请他们为在校的同学做专题报告，引导面临就业压力的同学们正确看待自身的位置，努力学习，不断提升自身素质。

2. 专业服务

"三农"是制约我国经济社会发展的瓶颈，同学们可以立足农村经济社会发展实际，针对我国现阶段存在的城乡二元结构的现实和构建社会主义和谐社会的要求，针对社会主义新农村建设过程中存在的问题和困难，充分依托专业优势，立足地方经济社会发展的实际,大力开展城乡规划、农村企业帮扶、环境保护、法律咨询等方面的专业实践服务,希望同学们在充分调研的基础上,根据地方需求,组建实践服务团,力所能及地帮助地方解决困难,为和谐社会的建设献计献策,出人出力,实现地方和学校的双赢。

二、自定义活动的注意事项

1. 要踏实勤奋

参与社会实践的同学,在活动中要摆正位置,严格要求,认真工作,虚心向人民群众学习,培养与劳动人民的感情,发扬吃苦耐劳、艰苦奋斗的精神。

2. 要文明守纪

在社会实践过程中要讲文明,讲纪律,讲奉献,办实事,办好事,争取办一件办成一件并取得实效,忌做表面文章。

3. 要学以致用

参加社会实践者一定要讲收获。在实践中要注重学用结合,认真思考和及时总结,努力把实践中获得的感性认识上升为理性认知。

4. 要注意安全

参加自定义项目的同学有的是个人独自完成,有的是集体来完成。一定要注意出行安全、人身安全,与同学或家人留有固定的联系电话,外出一定要告知去向,避免不必要的危险发生。

第五章 思想政治教育的反思

第一节 学生干部队伍建设的思想政治教育反思

一、学生干部的选拔与培养

青年学生是民族的希望,祖国的未来。随着我国改革开放的深入,经济建设的高速发展,社会越来越需要既有科学文化知识又有管理才能的人才。因此,高等学校不仅是为社会培养既有较高思想觉悟和道德修养,同时具有较高科学文化知识和专业技能的建设人才,还要为社会培养有较强组织领导能力的管理人才。而高等学校的学生干部队伍是这种人才的主要来源。

学生干部作为学生中的骨干,大多数是政治素质过硬、责任心强、谦虚好学、品学优良的学生。他们是党、团组织和辅导员联系学生的纽带和桥梁,是各项教育管理工作的具体参与者和实施者。学生干部可以把学生紧密地团结在一起,配合学校及辅导员开展各种思想政治教育工作和丰富多彩的第二课堂活动,使学校呈现出勃勃生机。同时,学生干部群体也是学校各项教育管理工作延伸的主要网络。所以,学生干部成为解学生思想动态,掌握学生学习、生活规律的信息来源之一,为学校制定出正确的教育管理措施提供依据。因此,抓好学生干部的教育,一直是高校德育工作中的一个关键,也是搞好学校教育管理工作的需要。

二、加强高校学生干部队伍建设

高校从事思想政治教育工作的教师,要对学生加强政治素质的培养,促使他们尽快成为德智体全面发展的社会主义接班人。特别是对大学生干部,更要按照"三个代表"的要求,把他们建设成为一支思想素质高、政治意识强的学生干部队伍。这样既能充分发挥学生干部的先锋模范作用和辐射作用，又能更有利地加强大学生思想政治教育工作。

第二节　辅导员队伍建设的思想政治教育反思

一、高校学生思想政治辅导员的工作

按国家有关文件规定，学生思想政治辅导员是学校从事思想政治教育和管理工作的专职干部，是高等学校教师和管理队伍的重要组成部分。顾名思义，辅导员就是学生并与其打交道的人员。我国高校培养人才的目标，是为社会主义现代化建设造就大批德才兼备的合格人才，他们不仅要有扎实的专业知识和科学文化功底，还必须具有良好的思想政治素质，必须热爱社会主义祖国和社会主义事业，具有为国家富强和人民富裕而艰苦奋斗的献身精神，以及实事求是、勇于创新的科学精神。如果不具有良好的思想政治素质，就不可能很好地为我国的社会主义现代化建设服务，有的人还会在日益复杂的政治斗争中迷失方向。因此，高校培养人才，必须坚持德才兼备的标准，而要坚持这个标准，就必须重视思想政治教育工作。

高校政治辅导员是贯彻党的教育方针、对大学生进行思想政治教育、培养大学生具有较高政治思想觉悟的直接实践者，是高校思想政治教育工作的重要组成部分，其工作核心是培养大学生具有较高的思想政治觉悟。辅导员工作与大学生的理想、信仰等密切相关，在很大程度上应起着保证大学生坚持正确政治方向的作用。辅导员工作一方面体现我党对高等教育事业的政治领导，保证党的方针、政策、指示精神的贯彻执行，另一方面，又把同各种错误思想和行为做斗争、帮助大学生抵制错误思想，树立正确思想作为重要内容。

二、辅导员应具备的基本素质

（一）树立服务意识

辅导员工作是一项以人为本的工作，面向的对象是在校的大学生，其工作应该是在学习、生活、思想领域等给予帮助与引导；注意了解倾听学生的想法，并及时将其意见及建议向有关部门反映；尽量帮助贫困生解决勤工助学、申请贷款等问题，使其安心于学业；组织大型课外活动，丰富同学们的业余生活。要时刻关心学生、注意其思想动态，帮助其树立正确的世界观、人生观、价值观。

(二) 加强自身学习

由于工作性质的决定，辅导员不仅需要有一定的思想政治教育方面专业知识，还需要有较广的知识面，同时，要理论联系实际，一方面要时刻研究当前青年学生的思想状况；另一方面要经常学习更新的知识，这样才便于和学生沟通，了解学生。辅导员是教师，这就要以"学高为师、身正为范"来要求，因为教育者思想道德品质越高尚，思想教育就越有说服力。

第三节　班主任工作的职责和队伍建设反思

一、班主任的职责

班级是学校最基层的学生组织，也是组织学生进行思想道德教育、引导学生树立正确人生观、价值观的基本单位。班主任作为一个班级的"领路人"，在这一系列德育工作过程中，担负着重要的作用和责任。班主任工作直接影响到大学生健康心理的成长、校园文化的建设和学校的教育成效。因此，班主任工作与当前大学生思想道德建设有着密切的联系，提高班主任的工作水平，对培养具有诚实守信、积极进取的大学生有着不可低估的现实作用和深远的意义。

大学班主任不仅仅是班级的管理者，更是思想政治教育的工作者。建立健全有关大学生班主任工作的一套行之有效的规章制度，既是规范班主任工作、使学生管理工作顺利展开的一个重要环节，同时，也是改进大学生思想道德建设的一项重要制度保证。

制定并完善《班主任工作手册》，明确地规定班主任的权力与责任，使班主任在工作过程中权责明确，以便有计划、有步骤、有重点地开展班级各项活动，改变目前有责无权、无章可循的涣散局面。

班主任工作也需要量化的、具体的考核制度。优秀班主任、优秀班集体的考核评比要有依据、有数据，最好打破系的界限，按照既定的量化指标精心考核、公开评比。对于总结出来的行之有效的、操作性强的好的作法，要及时修订进《班主任工作手册》。

学生工作部门应定期召开教师班主任和学生座谈会，开展系列调研活动，了解情况，听取意见，制定并不断完善可操作的规章制度，使班主任工作得到加强。

二、班主任的具体工作

班主任工作是高校思想政治工作和教学管理工作的重要组成部分。做好班主任工作，这是时代对我们的要求。一个班级的面貌，很大程度上取决于班主任的工作态度、教育艺术水平、教育方法、组织管理能力及以身作则的表率作用。一个班级能否培养出素质全面的学生，也在很大程度上取决于班主任。

1. 应建立新型的师生关系

中国传统的师生关系是"师道尊严"，教师在学生心目中不但是绝对的思想权威，而且是道德完人。

新型的师生关系应该是"朋友"关系，教师与学生只是教学活动中地位不同，并没有人格的高低贵贱之分，教师必须平等对待每一位学生，尊重他们的个性，教师尊重学生的人格等于尊重教育。学生无论大小都需要获得尊重与理解。由于种种原因他们在各方面发展不平衡，教师应承认落后也是一种权利。教师只有民主、平等、科学地对待学生、管理学生，学生才能自由地和谐地发展，素质教育的实施才有可能。班主任不是班级的统治者，学生也不是班主任的臣民，专制只能培养专制，只有民主才能培养高素质的和谐发展的大写的"人"。

2. 正确引导班级舆论

班主任在教育、教学、生活和各项活动中，根据是非标准进行褒贬，该肯定的就肯定，并给予适当的表扬和奖励；该否定的就否定，并给予适当的批评和教育，在全班形成一种能够扶持正气、伸张正义、制止错误思想、阻止不道德现象的集体舆论。这种集体舆论不是班主任的单向灌输，而是建立在全班多数的正确认识与言论基础上，对全班成员都有感染力和道德上的约束力。在具体实施的过程中，方法是借力用力，借助集体力量。

三、方式探索

中共中央国务院发出的《关于进一步加强和改进大学生思想政治教育的意见》中指出，要引导大学生勤于学习、善于创造、甘于奉献，成为有理想、有道德、有文化、有纪律的社会主义新人。在当前国际国内形势已发生深刻变化的背景下，大学生思想政治教育既面临有利条件，也面临严峻挑战。

第四节 学校整体建设的思想政治教育反思

一、师德建设反思

中共中央颁发的《公民道德建设实施纲要》，体现了中国先进文化的前进方向，是新时期加强师德建设的指导性文献。在新的历史条件下，师德的内涵应包括如下内容。

（一）志存高远，热爱教育

忠诚和热爱人民教育事业是教师道德的基本原则。这是由教育的社会主义性质决定的，它体现了社会主义道德的核心——为人民服务的基本原则——集体主义的本质要求。忠诚人民教育事业，就是要热爱教育事业，有为人民教育事业奋斗终身的理想。教育作为一个民族最根本的事业，是发展科学技术和培养人才的基础。它对教师道德修养，师德建设提出了更高的要求。热爱共产党，热爱社会主义，体现了社会发展和教师职业道德的政治要求。各级各类学校教师都要努力做到志存高远，坚持学习和实践"三个代表"重要思想，牢固确立在中国共产党领导下，走中国特色社会主义道路，实现中华民族伟大复兴的理想信念。忠诚和热爱人民教育事业，为中华民族伟大复兴建功立业，是教师职业道德的灵魂，是教师道德实践的根本源泉和动力。

（二）为人师表，教书育人

教师要把为人师表、教书育人视为天职，坚持教书与育人相结合。既要当传授知识的"经师"，更要做善于育人的"人师"。老教育家徐特立先生倡导"人师与经师合一"的思想。主张"人师"即为人之师。教人为人之道，教人为人之事，首先自己应会做人。教育者的权威是建立在身体力行的基础上的。要坚持言教与身教相结合，既注重言教，更注重身教。既要重视真理的育人功能，更要突出人格的育人作用。教育无小事，教师无小节。教师的一言一行都应成为学生学习的表率。教育者先自教在高校思想道德建设中尤为重要。

（三）严谨笃学，与时俱进

良好的学识学风是教师的必备条件，是师德建设的重要内容。教师应具有时代精神，适应新形势新特点的要求，努力学习新知识、新思想、新观念，把握时代的脉搏。发扬严谨自律的治学态度、学术精神和学术道德。中华民族历来把坦诚作为当教师的基础。孔子言："人不信不立"。古人曰："诚五行之本，百行之源"。教师是教人做人之人，做学问之人，唯有诚实，才能心正，心正方能人正，人正教人才能出正人。堂堂正正做人，表里如一，是教师的第一人品。教师要赢得学生的尊敬和爱戴，必须精通业务，具有丰富的知识和高深的理论修养。同时要身正，具有崇高的人格魅力。师德要求教师要刻苦学习，与时俱进，钻研业务，通今博古，学而不厌，严谨治学，珍惜时光，不误子弟。时代不断发展，学生不断进步，教师必须不断进取，成为热爱学习，善于学习，终身学习的楷模。

（四）热爱学生，诲人不倦

教育的宗旨是育人，教师是学生增长知识，学会做人、做事的导师。教师要坚持以德高为人师表，以善教去育人之魂，以真才实学去传授真理。教育实践证明，爱是师德教育的基础和核心。教师要认真履行职责，坚持爱生敬业，树立正确发展观、教育观、人才观、质量观。全面关心学生的成长，不仅要关心学生的知识学习，还要注重学生的品德修养。教师要以身立教，言传身教，用先进的思想、高尚的道德情操和丰富精湛的科学文化知识培养教育学生。要尊重学生的主体地位，开发学生潜能，培养学生创新能力。要热爱学生，关心学生，善待学生，善教学生。当前教师善教，就要用中国特色社会主义的共同理想，用爱国主义、集体主义、社会主义去教育青年学生，自觉抵制拜金主义、享乐主义和个人主义，使之成为社会主义"四有"新人。

（五）关心集体，团结协作

社会主义、集体主义是我们国家道德的基本原则和价值取向，是教师德高的前提。教师要善于处理好个人与集体、与同行之间、师生之间的各种关系，取人之长，补己之短。在处理个人与集体的关系时，要以集体利益为重，团结友爱，精诚合作，携手共进。在处理同事关系时，要尊重别人，谦虚友善，真诚相待，坦诚相处，热情相助。教师要强化大局意识、责任意识、政治意识和团结协作精神。团结就是力量，团结出凝聚力，出战斗力，出生产力。要尊重科学，讲究学术道德。要宽宏大度，不搞文人相轻，不计较个人得失。要甘当人梯，淡泊名利，善于扶植新秀。

（六）求真务实，开拓创新

求真务实，开拓创新，是辩证唯物主义和历史唯物主义一以贯之的科学精神，是人民教师应具备的政治品格。教育家陶行知先生说："教人求真"与"学做真人"是教师、学生的共同职责。要使学生热爱真理，教师应该有真知灼见，肯讲真话，不讲假话；要使学生爱国亲民，教师就应该有为民办实事、为民造福的思想。教师作为人类文明和科学知识的继承者、传播者，要正确处理继承与创新的关系，坚持在继承的基础上创新，在创新中发展。教师应该勤奋上进，博学多识，学而不厌，严谨治学，严肃执教，不断增强业务水平和教学能力；坚持解放思想，实事求是，大胆探索，锲而不舍，刻意求新，遵循科学规律，紧跟科学前沿，不断攀登科学高峰。

（七）清正廉洁，严于律己

清正廉洁，严于律己，是人民教师应具备的思想政治品质，是加强师德建设的内在要求。古人云："其身正，不令而行，其身不正，虽令不从"。教师应具有这种为师的威望和人格力量，以自身良好的师德境界、师德规范、师德行为为学生做出表率，成为遵纪守法、践行师德的模范，并积极地影响学生，使他们健康成长。教师应树立正确权力观、荣辱观、义务观和幸福观，自觉做到严于律己，以身作则，两袖清风，一身正气，自觉抵制各种不正之风。教师还应在职业道德、社会公德、家庭美德中做出表率，加强个人道德修养，做到举止文明，仪表大方，品行端正，在学生面前和心目中树立一座"身正为范"的丰碑。

二、师德的时代性要求

教师的职业道德，简称师德，它是教师的道德意识、道德关系和道德活动的总和，是教师素质的核心。它作为教师的一种较为稳定的道德观念和行为规范，是社会对教师的基本要求，是教师所应遵守的行为规则。

在新的历史时期，师德体现了教师个人、教师群体与社会主义事业利益的一致性，具有鲜明的时代特征和新的内涵。"三个代表"重要思想是高校师德建设的评价标准。以人为本，促进人的全面发展是师德建设的本质要求。

第一，师德具有鲜明的思想性和政治性。新时期的师德，是以马克思主义、毛泽东思想和邓小平理论和"三个代表"重要思想为指导，并反映广大人民群众的根本利益。这就要求教师以对国家、民族和子孙后代有高度负责的精神，严格审视自己的教育行为，自觉主动地执行党的教育方针，明确社会主义的教育思想，树立素质教育观念，既要教好书、又要育好人。这是时代对师德的要求，人民的共同愿望，因此，师德具有鲜明的思想性和政治性。

第二，师德具有明确的发展性和开拓性。当今社会是信息时代、知识剧增的时代，科技兴国，关键在教育。创新是民族的灵魂，提高国民的素质是教育的根本，会做人、会学习、会生活、会劳动、会创造，是素质教育的基本目标。教师必须树立"以人为本"的素质教育理念，研究教育规律、研究青少年的身心发展规律和认知规律。教师要终身学习，博学多闻，求真务实、不断进取、勇于探索。因此，师德具有明确的发展性和开拓性。

第三，师德具有全面的协调性和民主性。新时期教师与学生的关系是平等互助的教学相长的同志的关系，一方面教师指导学生学习，另一方面学生帮助教师教学。"以情育人，热爱学生；以言导行，诲人不倦；以才育人，亲切关心；以身求范，学生信任"既是教师的道德行为准则，又是教育的艺术。尊师爱生，是一种理性化的高尚情感，对待学生，管而不死，严而不厉，爱在其中。因此，师德体现了全面的协调性和民主性。

《中共中央国务院关于深化教育改革全面推行素质教育的决定》（以下简称《决定》）指出："教师要热爱党，热爱社会主义祖国，忠诚于人民教育事业；要树立正确的教育观、质量观和人才观，增强实施素质教育的自觉性；要不断提高思想政治素质和业务素质，教书育人，为人师表，敬业爱生；要有宽广厚实的业务知识和终身学习的自觉性，掌握必要的现代教育技术手段；要遵循教育规律，积极参与教学科研，在工作中勇于探索创新；要与学生平等相处，尊重学生人格，因材施教，保护学生的合法权益。"《决定》对教师素质的要求，既是教师师德修养的目标，又是教师教育活动中要遵循的行为准则，是学校师德建设的方向。

一般来说，人的素质包括思想素质（方向）、道德素质（品质）、能力素质（本领）、身体素质（健康）、心理素质（意志）和思维素质（创新）等方面。由此，"忠诚于人民的教育事业，坚定正确的政治方向；遵循规律，为人师表；严谨治学，探求创新；热爱关心学生，保护学生的合法权益。"构成了师德的基本内容，是一个合格教师必须遵循的师德规范。

"志存高远、爱国敬业""为人师表、教书育人""严谨笃学、与时俱进"。是一个相互联系、相互贯通的整体。"志存高远、爱国敬业"，主要是对教师思想政治方面的规范。它要求教师热爱中国共产党，热爱社会主义祖国，热爱本职工作，忠诚于人民的教育事业，牢固树立在中国共产党领导下、走中国特色社会主义道路、实现中华民族伟大复兴的理想信念，以自己良好的思想政治素质、崇高的理想信念教育引导学生。

"为人师表、教书育人"，主要是对教师道德品质方面的规范。所有教师都要坚持教书与育人相结合。既当传授知识的"经师"，更做善于育人的"人师"。要坚持言教与身教相结合，既注重言教，更注重身教，既体现真理的育人功能，更突出人格的育人作用。教育无小事，教师无小节。教师的一言一行都应当成为学生学习的表率。"学为人师，行为世范"，这应当成为所有教师的座右铭。

"严谨笃学、与时俱进"，主要是对教师学识学风方面的规范、教师作为教育者必须先受教育，无论是科学文化还是思想道德方面都是如此。学生不断发展，教师必须不断进步，成为热爱学习、善于学习和终身学习的楷模。

这里最关键的是求真务实、勇于创新、严谨自律的治学态度和学术精神、学术道德，并以良好的学识学风启发和影响学生。

三、新时期师德建设的反思

完善的师德规范只有通过有效的途径才能转化为教师的师德意识，进而成为教师的师德行为。新时期教师的思想观念趋向多元化、价值趋向多样化，学校的师德建设是一个塑造人格的系统工程，必须开辟新途径，探索新办法，创造新经验，从原则上、从战略上、内容上、方法上有新的突破，有所创新。

（一）师德建设遵循的原则思考

首先，要遵循政治首位原则。加强师德教育不能就道德论道德，而是要站在讲政治的高度，以战略的眼光来认识师德建设的重要性和紧迫性。这就必须扭转当前在师德建设中忽视和淡化政治的倾向，坚持以邓小平理论和"三个代表"重要思想指导师德建设的全过程。

高校师德建设坚持以人为本的原则，就必须充分调动教师在教书育人中的主动性、积极性、创造性，使广大教师树立共同理想，培养高尚的道德情操和敬业爱业的精神，成为学识渊博的人民教师，集社会公德家庭美德职业道德于一身的公民典范。

再次，要遵循贴近生活的原则。教师道德建设应注重实效，贴近教师的日常工作生活，反对空泛的脱离实际的空谈，要实事求是，从实际出发，关心、理解、体贴教师，将思想道德教育寓于做实事、办好事的实际活动中去，使师德建设落到实处。

最后，要遵循与时俱进的原则。由于师德具有明确的发展性、开拓性和典范性。因此，师德建设必须在继承中创新，在创新中发展，使师德建设充满生机和活力，以新型的师德风尚带动校风和社会风气。

（二）师德建设的途径思考

1. 注重自我高尚人格的塑造

师德建设要求教师在实践中，注重自我学习、自我修炼、自我约束、自我调控，做到活到老，学到老。学习政治理论，坚定理想信念，强化献身精神；学习教育理论。其次，要遵循以人为本的原则。教师道德建设的对象是教师，根本任务是提高教师的道德素质，着重点是教育人、培养人、引导人，不断提高人的素质。以人为本，体现了师德建设的内在规律。更新教育观念，遵循教育规律；学习专业知识，优化教学过程，提高教学效率；学习教育法规，增强法律意识，实行依法执教。

2. 运用人文环境塑造

崇高的思想行为和精神境界，往往与人文素养、学识深浅相关联。净化校园环境，营造高雅的校园人文氛围，调动教师学习和活动的积极性和参与性，分辨各种社会思潮，实施灵魂塑造工程。新时期的思想政治教育工作不能停留在口头上、会议里、文件中，应当贴近群众、贴近工作、贴近生活，由偏重灌输向注重渗透拓展，渗透到教学科研活动中，渗透到生活的各种领域中，渗透到丰富多彩的文化娱乐活动中，渗透到精神文明的创建中。寓教于知、寓教于乐、寓教于美、寓教于行，用知识开启心扉，使教师的思想境界始终处于时代的前沿。

3. 运用科学制度的塑造

机制、制度、法制是对人进行制度塑造的三种主要形式，它们构成了一个系统，其中育人和用人是系统内的两个有机关系的阶段。育人为了用人，用人必须育人。在维护教师合法权益的基础上，要科学制定用人制度，确保人力资源得到最大化的开发和利用。机制既要有激励性，又要有约束性。学校的内部管理要有利于吸引和培养一批批优秀专家型人才，对于师德差、业务水平低、不适合当教师的人就请他们下岗和转岗。

四、校园管理的反思

（一）建立系统化思想政治教育保障机制

完善的保障机制是学校思想政治教育内容整体构建有效实现的组织保证。学校思想政治教育内容整体构建缺失的原因是多方面的，既有教育工作者自身整体性教育意识欠缺的影响，但更有缺乏有效保障机制的制约。因此，学校思想政治教育内容要真正实现整体构建与有效衔接，光有教育者的主观努力，只希冀于增强思想政治教育者的整体性意识，提高思想政治教育者的工作素养是不够的，更重要的是要建立一整套科学规范的保障机制。

只有建立健全一套完善的思想政治教育内容体系整体构建保障机制，才能真正促使学校思想政治教育内容整体构建工作步入科学化和制度化轨道，也才能从根本意义上实现学校思想政治教育内容的整体构建。

第一，建立健全系统化的思想政治教育领导组织管理机制。思想政治教育领导管理是教育管理的重要组成部分，是依据党和国家有关要求，按照学生身心发展的基本规律和思想品德形成规律，组织协调思想政治教育实践，以使思想政治教育系统保持良好的机能状态，从而合理组织各种力量提高思想政治教育实效，完成思想政治教育目标和任务的有效手段。思想政治教育领导管理系统是整个思想政治教育工作的指挥和保证系统，是协调、组织、实施教育工作的核心和不可或缺的保障。虽然，学校思想政治教育系统化建设问题已经得到党和国家的政策性的确认，但是直到目前，学校思想政治教育的领导管理体制却并没有发生相应的根本变化，不论是宏观层面的整体性领导管理体制，还是微观层面的学校内部的领导管理体制，都尚处于一个相对分离的状态。这也是造成学校思想政治教育内容缺乏整体构建的重要原因之一。因此，当前，要有效实现学校思想政治教育内容体系的整体构建，首要的问题就是要实现思想政治教育领导管理体制的整体化。而且，这种整体化领导管理体制的建立，既包括宏观国家层面的，也包括微观学校层面的。

其一，建立健全宏观国家层面的整体化领导管理体制。教育主管部门是学校思想政治教育工作的直接管理者，是教育效果评估的领导者和承担者，是提高思想政治教育系统化的组织保证。但目前，由于教育体制的缘故，我国尚没有一个统一的思想政治教育领导管理机构，大学与中小学的思想政治教育工作还分属于不同的机构来管理——大学思想政治教育领导管理工作被划归为"思想政治工作司"负责，而中小学思想政治教育的领导管理工作则由"基础教育司"负责。由于政府职责划分和行政管理归属的差异，致使目前大中小学思想政治教育在组织实施、监督管理，以及人员配置等诸多方面都从属于两个不同的教育集团。而这直接导致了原本为一个和谐统一整体的学校思想政治教育系统被人为地分裂开来，在实践过程中缺乏完整性、连续性的整体规划，并由此导致大中小学思想政治教育内容衔接整合问题没有得到应有的重视，更没有在实际工作中得到很好的贯彻和落实。当前，思想政治教育内容体系所出现的诸如内容简单重复、本末倒置、侧重点不明确及缺乏有效联系等一系列问题，实际上都与思想政治教育领导管理体制的人为分离有直接关系。即使目前不少地方或学校之间已经创设了各类沟通与合作机制，但体制上先天的分割依然无法从根本上解决思想政治教育内容有效衔接的问题。因此，当前，要有效实现思想政治教育内容的整体构建，就首先需要教育主管部门理顺当前学校思想政治教育工作的领导管理体制，打破原有教育体制的壁垒，站在"系统思想政治教育"的高度上来通盘规划，改变目前条块分割的组织管理局面，从而在组织管理层面上形成思想政治教育整体衔接的机制和保障，使思想政治教育既在各自的教育阶段发挥功能，又从整体上保持其完整性、连续性及顺畅性。最好是建立一个统一的思想政治教育领导管理机构，统揽大中小学的思想政治教育工作，从而有效实现思想政治教育工作的统一部署，切实做到学校思想政治教育的通盘考虑、循序渐进，充分保证不同学段思想政治教育工作间的交流和对接。笔者建议，可以探索构建一个自上而下的思想政治教育领域到管理中枢系统，由教育部至各省市的教育行政部门建立由主管领导挂帅、各学校相关思想政治教育负责领导参加的思想政治教育工作委员会，有针对性地研究理论和实际问题，从而发挥宏观规划、政策统筹和工作协调等方面的重要作用，加强大中小学思想政治教育内容构建实施的协调。

其二，建立健全微观层面的学校内部领导管理体制。对于学校内部的思想政治教育领导管理体制问题，各级教育部门、学校都对此进行了诸多的探索，付出了不少的努力，如中小学实行了校长负责制，高校实行了党委领导下的校长负责制等等，这些无疑使得学校的思想政治教育工作有了学校主要领导的直接负责。但即便如此，目前就多数学校的现实情况来看，依然是两个主管领导、两套工作班子和两种工作制度。而这种状况及其内含的违反系统逻辑的问题至今并没有得到根本性的改变。虽然为了改变这一问题，党和国家付出了较多的努力，但目前的多数做法还是学校思想政治品德课教学由分管教学的副校长领导，而日常思想政治教育工作则分属于分管德育工作的副书记或副校长负责。领导管理的人为分离，领导管理理念及管理模式和套路的差别，必然造成两种思想政治教育形式无法形成有效配合的局面，甚至在很多时候出现相互抵触的问题发生。如在中小学阶段，囿于应试压力的影响，教学工作往往受到更多的重视，而思想政治教育工作则会被依照"说起来重要，做起来次要，忙起来不要"的态度所对待。当前，思想政治品德课程内容与日常思想政治教育内容体系缺乏整体构建与配合的问题，实际上都与领导管理体制的人为分离有直接关系。因此，当前，要有效实现学校思想政治教育内容体系的整体构建，尤其是思想政治品德课程内容体系与日常思想政治教育内容体系的相互配合，就应当按照思想政治教育内容整体构建的客观要求，高度重视改革和创建学校内部的一体化思想政治教育领导管理体制。当然，要有效实现学校内部思想政治教育内容的整体性构建实施不能单纯依靠于统一的领导体制，具体的教育实施者的作用也是不容忽视的，但这仍然无法否认学校领导体制的监督作用和引导价值。

第二，建立健全系统化的思想政治教育者交流沟通机制。有效实现学校思想政治教育内容的整体性构建，离不开整体性学校思想政治教育领导管理体制的建立，但企图单纯依靠于统一化的领导管理体制显然也是不可取的，具体的教育实施者的作用也是不容忽视的重要因素。因此，在确保领导管理体制一体化之后，就需要在教育者的交流与互动沟通上下功夫、做文章。建立学校思想政治教育者的沟通交流机制，就是加强大中小学思想政治教育工作者，以及教育研究者之间的合作与沟通，建立并完善学校思想政治教育衔接协作工作的交流渠道，使不同学段、不同途径的思想政治教育者建立经常性、制度化联系。建立健全大中小学思想政治教育者的经常性互动交流机制，是凸显教育者作为思想政治教育工作主体在实现思想政治教育内容整体构建过程中主体价值的有效渠道。学校思想政治教育者沟通交流机制的建立，不仅包括纵向不同学段间思想政治教育者沟通协作机制的建立，而且包括横向同一学段内部不同途径的思想政治教育者间沟通协作机制的建立。

其一，纵向沟通机制的建立。正如前文所述，目前各学段思想政治教育者对思想政治教育内容衔接的重要性还是有着比较清醒的认识的，但是却由于缺少一个有效的沟通衔接渠道，导致长期以来不同学段的思想政治教育者基本处于一种"各自为政"的封闭状态，相互之间缺乏应有的交流与沟通。而这也成为学校思想政治教育内容缺少有效衔接的重要原因之一。而且，由于缺乏足够的交流与沟通，使得各级学校不是出于做好思想政治教育衔接的思考来做工作，而是陷入了相互指责之中，而没有采取切实的方法来共同解决这个问题。因此，当前，必须建立健全一套完善的思想政治教育交流互动机制，探索不同学段思想政治教育者间相互交流沟通的有效渠道，以充分保证思想政治教育内容体系科学衔接的有效实现。笔者认为，加强大中小学思想政治教育队伍的纵向沟通协作机制可以着重从以下两个方面着眼：一是要建立学段间思想政治教育者定期磋商机制。各学段思想政治教育者就思想政治教育中的突出问题乃至易发性问题进行有针对性的定期磋商和联动，以增强应急反应和管理能力。目前，类似"全国优秀高中与高校衔接培养拔尖创新人才论坛""著名大学中学校长峰会"都是可取的尝试。但问题在于，目前这样的交流往往仅限于高层次领域，尚未扩展到全局范围，尤其是以一线教育工作者为主体的类似交流尚不多见。因而，加强类似此的沟通渠道建设至关重要。二是要加强大中小学思想政治教育信息平台建设。信息平台建设的目的在于实现政治教育信息共享，从而使得大中小学各学段都能够及时相互通报学生的思想政治品德状态和思想政治教育实施情况，针对问题及时进行沟通分析和共同研判，找出解决对策。而且，笔者认为，最好是建立一个以网络为主的信息平台，以实现信息间的快捷传递和无限制交流。

其二，横向沟通机制的建立。与学校思想政治教育内容体系学段层次衔接缺失一样，学段内部思想政治品德课程内容与日常思想政治教育内容不能相互配合，各自为政、各行其是的现象也一直是长期以来严重妨碍学校思想政治教育内容整体构建的重要因素。那究竟为什么会长期存在"思想政治品德课程内容与日常思想政治教育内容整合缺失"的问题？当然，正如前文所指出的，这肯定与两支队伍缺乏整体意识和合作精神有关。但是，若要问为什么会缺乏整体意识和合作精神，又当做何解释呢？是两支队伍的人们思想政治觉悟不高或工作责任心不强？显然不是。恰恰相反，"两张皮"问题之所以长期存在，根本的原因是没有整体意识来统摄思想政治教育全局，没有良好的沟通协作机制所造成的。因而，当前，实现思想政治品德课教师与日常思想政治教育者的协作沟通，从而切实保证两者在实施教育的过程中相互协调教育内容，是目前解决思想政治品德课程内容与日常思想政治教育内容缺乏整合问题的有效办法。

第三，建立健全系统化的思想政治教育科学评价机制。思想政治教育评价是思想政治教育全过程中的一个重要组成部分。评价具有监督和导向功能。在对思想政治教育的评价中，有什么样的评价标准，思想政治教育者就会向什么样的方向努力；有什么样的评价内容，思想政治教育者也就会注重什么方面的工作。因而，通过评价标准的引导，可以为教育者实施教育指明方向，引导其在教育过程中注意与其他学段、其他途径的思想政治教育内容间实现整体构建。长期以来，因为缺乏一个有效的思想政治教育衔接评价机制，使得学校思想政治教育实际运行过程中一直没有一个强有力的指挥棒来导向教育内容整体构建问题。虽然，近几年来，随着党和国家对思想政治教育整体构建问题的重视，大中小学各层级的思想政治教育工作也越来越重视思想政治教育整体构建，特别是思想政治教育内容整体构建问题。

对于思想政治教育整体构建问题的考评也逐渐纳入学校思想政治教育评价体系中，部分学校甚至已经开始探索思想政治教育整体构建评估的指标体系。但从目前的总体状况而言，这项工作还处在起步阶段，思想政治教育整体构建实施的质量评估还有很长一段路要走。因此，当前，我们要搞好学校思想政治教育内容体系整体构建工作，就必须要建立一套完善的思想政治教育评估体系，将思想政治教育内容体系整体构建纳入思想政治教育评估标准之中，以希冀通过教育评价的监督功能和导向功能引导思想政治教育整体构建工作的真正落实与实施。

（二）环境渗透的反思

1. 思想政治教育环境渗透及其特征

思想政治教育环境渗透是一个大系统，是由大大小小、各式各样的环境渗透要素构成的。思想政治教育环境渗透的特征就是思想政治教育环境渗透本身所具有的从根本上决定环境渗透的发生、发展与变化的属性。它是全面、正确地反映思想政治教育环境渗透系统并科学地预测这一环境渗透系统运动变化方向的基础。研究思想政治教育环境渗透的特征，有利于更好地了解和把握思想政治教育环境渗透的内部结构，从而使人们能更好地利用环境渗透的影响，增强思想政治教育活动的实际效果。

第一，思想政治教育环境渗透导向性。

导向指使事情向某个方面发展，指所引导的方向。思想政治教育环境渗透的导向性，体现了思想政治教育的阶级归属。自有阶级以来，便有建立在一定经济基础之上，体现统治阶级利益、意志和需要的意识形态思想统治阶级的思想在任何时刻都表达着社会一定阶级、利益集团的利益和政治要求，其性质和功能与统治阶级的处境和历史地位紧密关联。马克思深刻地指出：统治阶级的思想在每一时代都是占统治地位的思想。这就是说，一个阶级是社会上占统治地位的物质力量，同时也是社会上占统治地位的精神力量。"任何一个阶级的统治不仅需要相应的物质基础，而且需要将本阶级的思想、观念等转化成为全社会普遍接受的公共文化和意识形态，以此来稳固本阶级的政治统治，这就是说，任何一个国家的统治阶级，为了巩固其政治统治，都要竭力维护和发展其占统治地位的意识形态。"不仅是社会主义国家，世界上任何一个国家的统治阶级为了巩固其政治统治，都要竭力维护和发展其占统治地位的意识形态。从宏观的国家思想、法律、社会意识，到微观的个人思想与行为，都要受到本阶级的直接或间接的影响。"思想政治教育这一社会实践活动，就是一定的阶级或集团，为实现一定的政治目的，有目的地对人们施加意识形态的影响,以期转变人们的思想,进而指导人们行动的社会行为。"思想政治教育的阶级性决定了思想政治教育环境渗透的具有导向性的特征。环境渗透的内容和因素要与特定阶级相一致,

这种阶级性决定了思想政治教育环境渗透的基本内涵和价值倾向性,并影响环境渗透的各因素的发展变化。外界环境中任何要素的变化,都必然会在思想政治教育活动中得到反映。随着外界环境的变化,思想政治教育调整目标、选择内容、采取措施。相应的,思想政治教育环境渗透中就应该随着思想政治教育的改变而输入反映相应改变的信息,强化人们的认知,影响着人们的行为。

第二,思想政治教育环境渗透隐匿性。

人的心理过程是由认识过程、情感过程、意志过程三者有机组成的。当人们处于清醒状态时,每时每刻总在感知他周围的环境,对客观事物有一定的内心体验,并根据自身的需要采取相应的行动。以往思想政治教育突出传承性,倾向统一的教育要求和评估标准,单一的教育内容和教育进度,模式化的教育格局和教育方式等等。目前,这种模式已经不能适应社会主义市场经济、信息社会发展的要求。现代环境中人流、物流、信息流十分活跃,人与环境的思想互动比过去任何时代都更加凸显。信息对人的思想影响是非自觉的、无目的的,是一种自发性存在,是在不知不觉、随时随地中产生的。这种影响是不规则的、非定向性的。在时空上不存在恒定性,在因果上也没有必然性,往往是通过人的直觉与感性发生作用的。"信息社会,社会思想信息的多源性导致受体思想接受具有多源性、多向性、跨时空性的指向特点。他们的思想接受要做多向度的追求,他们的思想弃取要经过多源性的验证,他们的开放性心理扩大了他们的思想空间,放大了他们的思想容量,放大了他们对思想差异的宽容度。同时,由于受体主体性意识强化,在其思想接受过程中,往往有很强的联想跨度和求异性追求。"环境中的信息对人的影响作用是泛化存在,不仅存在于人的生活方式、生存方式,而且在人的思想、情绪、心理、习性等多方面都产生影响。有人能意识到的,也有人未能意识到这种影响,有被动接受环境影响的,也有人是在与环境的互动中受影响的。这种影响常常是潜在的、隐形的、一点一滴的,是产生于人的直觉而非理性。人的思想具有渐变性,这种渐变是人的思想的常在、基本状态,表现为思想变化的缓慢性、稳定性、持续性,是一种静悄悄的变化、有序性的变化、差异性的变化。思想政治教育环境渗透在空间上是开放的,可以使思想政治教育信息多端进入,涵盖了人的日常生活和非日常生活,人的知、情、意、信、行、学习、工作、生活等,都可以是思想政治教育环境渗透的起点,无一定之规,各有不同适应性,"渗透"无时不有、无所不在、无孔不入,思想政治教育信息在主体生活的过程中不知不觉地通过有形的、无形的,客观存在的,复杂多变的环境刺激,日积月累就会由

量变到质变，出现情感的升华，政治思想认识的升华。一个人若生活在理性平和、积极进步、和谐向上的社会环境中就会使这个人受到强烈的感染，受到高尚道德情操的熏陶，从而养成积极健康的思想品德，促进个体身心健康发展。反之，不良的思想政治教育环境则会使人受到消极的影响，削弱甚至抵消思想政治教育的功效，人们就难以形成良好的思想品德。思想政治教育环境渗透对人的思想政治品德、价值观的影响不是靠强制手段来实现的，在很大程度上已不具备其形式化特征。思想政治教育环境渗透已成为一种"隐性"行为，具有强烈的隐匿性的特征。

第三，思想政治教育环境渗透整合性。

整合就是将零散的东西通过某种方式组合在一起，从而实现信息系统的资源共享和协同工作，并最终形成合目的的、有价值、有效率的一个整体。思想政治教育历来是对人们思想意识、观念形态整合的工具之一。按照辩证唯物主义的观点，任何事物都是对立统一的矛盾体。思想政治教育环境渗透同样是一个统一的矛盾体，其内部结构复杂，组成要素繁多，但在整体上表现为统一的境况或氛围，具有整合性的特征。随着时代的发展，思想政治教育环境渗透的信息日益丰富多彩，加大了人们对其选择的广度和深度。思想政治教育环境渗透必须进行整体性的统一协调，才能使其处于一种良性运行状态，保证思想政治教育目标的实现。思想政治教育环境渗透整合性体现在系统内诸要素、各部分的相互制约和相互协调两方面。首先，体现在相互制约上。思想政治教育环境渗透系统内部诸要素、各部分之间相互联系，呈现出纵横交错的格局。构成思想政治教育环境渗透系统的诸要素、各部分虽然在理论上、形式上按照不同的属性或不同的作用范围等区分标准可以划分出不同部分、不同类型的子系统。这些子系统看似独立，实际上又是由一根红线连接在一起的，是以人为核心、以人的活动范围及群体隶属关系为红线来进行排列与分类的。如政治生活环境、文化生活环境、社会生活环境、生态生活环境等离不开经济生活环境，而经济生活环境又受到政治生活、文化生活、社会生活、生态生活等环境的制约。即使在一个日常交往环境渗透子系统中，各种环境渗透因素都不是孤立的、独立存在的，而是相互影响、相互作用、密不可分的。如人际交往环境也会因为生产力的发展，物质条件的丰富而使人的社会交往不断超越时空范围的限制。

2.思想政治教育环境渗透的具体实践路径思考

思想政治教育环境渗透是一种社会精神生产活动，它的实现路径是思想政治教育信息流变的综合组织形式，"使用那些直接感觉和知觉的材料"，使本质上超出全部感觉领域的精神内容被翻译成为可感觉的形式，成为看得见、听得见、摸得着的东西，思想政治教育信息只有被人们所需要才能被选择、吸纳，进而接受、认同，才会对思想政治教育活动产生影响。任何人如果不同时为了自己的某种需要和为了这种需要的器官而做事，他就什么也不能做，他们的需要即他们的本性。需要是主体一切活动的源泉、动力和目的。需要是人对实践对象的依赖，各种层次的需要都不会自发地得到满足，而必须通过人的自觉活动追求才能得到满足。人的思想是在其所从事的各项实践活动中形成和发展起来的，是在人与对象世界的相互联系和相互作用中形成和建立起来的，并通过其对社会基本形式、社会交往中的品德表现而体现出来。思想政治教育环境渗透作为一种社会精神生产活动，从思想引领、舆论助力、校园文化指引三个方面来思考其实现路径，这三个方面不是单一发挥作用的，而是相互联系、相互制约、共同作用，通过主体在实践活动中将选择的信息在现实环境中进行确证，从而使信息有目的地作用于主体的建构活动和功能再现过程之中，使其获得强化或消解，实现主体对思想政治教育信息资源的整合、利用和认同。

参考文献

[1] 李杨，孙颖，李冠楠主编.新媒体时代的大学生思想政治教育教学研究[M].长春：吉林大学出版社.2016.

[2] 陈张承，魏茹冰，郎彩虹著.新时期高校思想政治教育有效教学研究[M].北京：新华出版社.2016.

[3] 董康成，王健，刘珏著.美学视域下提升高校思想政治教育教学实效性研究[M].长春：吉林人民出版社.2016.

[4] 余斌，佘远富主编.思想政治教育研究论丛第5辑[M].桂林：广西师范大学出版社.2016.

[5] 许世坚主编.思想政治教育专业师范生教育实践指导[M].成都：西南交通大学出版社.2016.

[6] 周易宏，谢树平主编.政治课程与教学研究1979-2009版[M].南京：南京师范大学出版社.2016.

[7] 徐永春著.中国传统文化与思想政治教育[M].北京：光明日报出版社.2016.

[8] 张大伟，谢树平著.思想政治课学习评价研究[M].上海：上海三联书店.2016.

[9] 裴云著.破茧思想政治教育专业改革研究[M].北京：经济日报出版社.2016.

[10] 毛文璐著.高校思想政治教育与当代大学生政治社会化研究[M].长春：吉林人民出版社.2016.

[11] 贾丽著.思想政治教育教学与反思研究[M].长春：吉林大学出版社.2017.

[12] 赵中源著.从教之道思想政治理论教育教学研究成果荟萃［M］.广州：广东教育出版社.2017.

[13] 李晓云,李秋梅,王嫚著.思想政治教育的有效途径：青海高校省情教育教学实践研究［M］.上海：上海大学出版社.2017.

[14] 王金伟,李梁等.高校思想政治理论课教育教学供给侧结构性改革实践研究［M］.上海：上海大学出版社.2017.

[15] 李梁著.高校思想政治理论课教育教学供给侧结构性改革理论研究［M］.上海：上海大学出版社.2017.

[16] 王楠著.大学生思想政治教育创新研究［M］.延吉：延边大学出版社.2017.

[17] 冯凡彦著.新时期思想政治教育理论与实践研究［M］.北京：知识产权出版社.2017.

[18] 杨晓阳著.新媒体背景下高校思想政治教育创新研究［M］.延吉：延边大学出版社.2017.

[19] 边和平,刘薇著.高校思想政治理论课教学理论与方法创新研究丛书高校思想政治理论课教学艺术论［M］.徐州：中国矿业大学出版社.2017.

[20] 樊常宝主编.思想政治教育［M］.北京：北京理工大学出版社.2017.

[1] 胡飒,奚冬梅.高校思想政治教育教学与实践研究［M］.北京：光明日报出版社.2018.

[22] 周利生,汤舒俊主编.红色资源与高校思想政治教育［M］.北京：九州出版社.2018.

[23] 邓纯东总主编；余斌,王建军主编；李春华,原丽红副主编.思想政治教育研究论丛第7辑［M］.北京：人民日报出版社.2018.

[24] 沈壮海,王晓霞,王丹著.中国大学生思想政治教育发展报告2017［M］.北京：北京师范大学出版社.2018.

[25] 张建著.高校思想政治教育工作中实践育人机制构建研究［M］.沈阳：沈阳出版社.2018.

[26] 徐友辉,何雪梅,罗惠文编著.高职院校学生教育管理创新研究［M］.成都：西南交通大学出版社.2018.

[27] 刘印房著.地方本科高校校企协同创新机制构建研究［M］.北京：科学技术文献出版社.2018.

[28] 高等学校中国共产党革命精神与文化资源研究中心,教育部高等学校社会科学发展研究中心.资政育人高校党史教育论丛2017［M］.北京：光明日报出

版社.2018.

　　[29] 林如鹏主编.暨南大学年鉴2017［M］.广州：暨南大学出版社.2018.

　　[30] 迟云编.少年健康成长书系每天都要进步一点点［M］.济南：明天出版社.2018.